Técnica de
Escalada en Roca

Técnica de Escalada en Roca

Guía Práctica para el Dominio del Movimiento

Escrito e ilustrado por
John Kettle
traducido por
Juan Pablo Velázquez

Publicado por John Kettle

Imprimir ISBN 978-1-9996544-2-9
EPUB ISBN 978-1-9996544-3-6

Servicios de composición tipográfica de bookow.com

Para Ethan

Agradecimientos

Tengo una deuda de gratitud con todas las personas que me apoyaron y me alentaron en este proyecto: mi traductor Juan Pablo Velázquez, la correctora de la traducciónAlejandra (Alita) Contreras, la editora Kirsten Donovan, los camarógrafos Jan Bella, Paul Smith, Steve Passiouras y los correctores de la versión original Esther Foster, Ben Francis, Zoltan Monostori, Rob Mulligan, Chris Pretty, Rebecca Williams y Taylor Reed.

Un gran agradecimiento al Lakeland Climbing Centre por apoyar mi negocio independiente en sus instalaciones. Gracias también a todos los escaladores, instructores, guías y entrenadores con los que he tenido el privilegio de convivir, entrenar y aprender durante los últimos veinticinco años.

Numerosos autores e investigadores han instruido e inspirado mi aprendizaje y me han dado la base del conocimiento sobre el cual he podido desarrollar mis propias ideas.

Este libro está pensado para ser una aventura y una exploración del movimiento de escalada y, como cualquier aventura que vale la pena tener, no será fácil, pero, si te comprometes a trabajar duro en tu técnica de escalada, podrás alcanzar grandes logros en tu desempeño y en tu realización personal.

Responsabilidad personal en cuestiones de seguridad.

La escalada es una actividad en la que uno se puede lastimar o en la que hay peligro de muerte. Este libro no aporta consejos de seguridad para los escaladores. Aquellas personas que decidan participar en estas actividades deberán estar conscientes de los riesgos y aceptarlos, además de ser responsables de sus propias acciones.

Índice general

Introducción

MEJORAR la técnica de escalada puede significar muchas cosas. Incrementar tu eficiencia sería un aspecto que te permitiría escalar más duro teniendo cualquier nivel de condición física, otro aspecto es el movimiento fluido y sin esfuerzo. Un sentimiento de dominio acompaña a este último y puede abrir la puerta a una experiencia intensamente gratificante en la roca, también puede significar encontrar fluidez y experimentar la escalada como un baile o una forma de celebrar el movimiento y de expresar la creatividad física.

Siempre valdrá la pena invertir en tus habilidades de escalada y es algo que no requiere de un compromiso de tiempo constante. Cuando las oportunidades para escalar con regularidad son limitadas, el entrenamiento físico puede llegar a sentirse como tratar de llenar con agua un barril agujereado; hay que verter agua constantemente y esto solo para mantener el nivel de agua. Para hacer que el nivel de agua suba hay que verter agua cada vez más rápido y si te detienes, el nivel disminuirá constantemente.

Por el contrario; el desarrollo de las habilidades no depende de una aportación constante, puedes entrenarlas cada vez que puedas dependiendo de las circunstancias, a veces más, a veces menos. Si descansas un par de meses, estas habilidades permanecerán integradas y después podrás continuar desarrollándolas.

Si te ves obligado a suspender el entrenamiento físico, tal vez debido a una lesión, desarrollar habilidades es una excelente manera de mantener la motivación y continuar mejorando, mientras que cementas el camino para que cuando vuelvas a estar en forma tengas un excelente desempeño.

Mientras disfruto de la riqueza que hay en la vida fuera de la escalada; mi propio "programa de mantenimiento" para mejorar mis habilidades incluye que escale unas dos veces al mes y esto es suficiente para consolidar de manera continua mi nivel de habilidad, siempre anticipando los períodos en los que podré dedicar más tiempo a ponerme "en forma para escalar".

Cómo usar este Libro

Este libro contiene cinco capítulos; cada uno enfocado en una parte específica del cuerpo o en una técnica de escalada específica, incluye una serie de ejercicios prácticos para introducir y desarrollar habilidades que se pueden practicar en cualquier muro de escalada. El Capítulo Seis explora cómo aplicar todo a tu escalada y el Capítulo Siete contiene "atajos" para aquéllos que tienen poco tiempo.

Además de la descripción escrita y las ilustraciones, muchos de los ejercicios van acompañados de un video de demostración, si tienes acceso a una tablet o a un teléfono inteligente, el ver estos videos te permitirá aprender rápida y fácilmente. En la versión electrónica de esta publicación hay links de YouTube a los videos y son de libre acceso en línea. En la versión impresa, podrás acceder a los videos escaneando el código QR en tu dispositivo móvil, escribiendo la dirección web en tu navegador o visitando YouTube.com y buscando mi canal por el nombre.

Al final de cada capítulo he reservado un espacio para que anotes tus reflexiones, experiencias personales y tomes notas para futuras referencias, cuando vayas a escalar llévate el libro y los videos, anota tus respuestas a las preguntas o, mejor aún, involucra a tus compañeros de escalada, ellos, con sus comentarios y observaciones resaltarán cosas de las que de otro modo podrías no darte cuenta. Muchos de los ejercicios desafiarán tu conciencia corporal y serán difíciles de completar, recuerda cuáles son los más difíciles y cuando escales practícalos regularmente. Tener un diario de notas te permitirá llevar un seguimiento del progreso y organizar tu entrenamiento para asegurar que siempre te enfoques en tus áreas más débiles.

Si eres un entrenador o quieres saber más sobre un determinado tema, cada capítulo incluye un "Rincón de Geeks" solo para ti. Incluye lecturas recomendadas, teorías a fondo e introducciones a temas adicionales que te llevarán más allá de la madriguera del conejo.

Técnica y Lesión

La forma en que te mueves influye en las posibilidades de lesionarte, desde la postura y la respiración hasta la preferencia de agarre y el predominio del lado derecho o izquierdo del cuerpo. Entreno a personas de todas las edades con problemas crónicos de codo, hombro y dedos, a menudo, estas lesiones se pueden reducir o permitir la recuperación total mediante simples ajustes en el movimiento.

Compara el tamaño de tus cuádriceps (muslos) con el tamaño de tus antebrazos: ¿sabes cuál de los dos músculos ha evolucionado para cargar tu peso corporal? El riesgo significativo que conlleva el entrenamiento de músculos más pequeños, como los de los brazos, es que si se excede su capacidad se pueden provocar lesiones. Estas lesiones son muy comunes en los escaladores, y más aún desde que la popularidad de los muros artificiales y de las salas de bloque aumentó. El entrenamiento de técnica no conlleva el mismo nivel de riesgo como el del entrenamiento físico, es probable que sobrepasarse entrenando la técnica solo conduzca a niveles de dominio equivalentes al estado zen.

Además de mejorar las técnicas individuales, también se trata de incrementar el número de movimientos en tu repertorio. Considéralo como un aumento de la *alfabetización de movimientos*. Una alfabetización de movimientos pobre se relaciona con un mayor riesgo de lesión, además de, limitaciones en el rendimiento.

Escoger modelos a seguir

Todos sabemos que el grado de dificultad es una medida poco confiable de la habilidad técnica, simplemente porque uno puede compensar una mala técnica con otras fortalezas, incluso a nivel de clase mundial.

Cuando busques modelos a seguir con una técnica excelente, busca al *practicante óptimo* - un escalador que sea débil para su grado, y no a una potencia muscular o a un *compensador de alto nivel*. Entonces podrás ver a alguien que emplea: entrenamiento, tácticas y movimientos al más alto nivel.

Barreras Potenciales para Mejorar tu Técnica

Creencias y Ego

La habilidad para escalar es algo que se adquiere con la práctica, no es un atributo con el que se nace. Hace dos años logré algo que normalmente podría ser considerado un objetivo de toda la vida, hice top en mi primer problema de bloque 8A/VII. S sin embargo, de haberlo predicho hace cinco años, cuando tenía una familia joven y después de ser operado en ambos hombros, no lo hubiera creído posible, más aún, hace dieciséis años me habría negado rotundamente a creer que ese objetivo era posible, cuando tenía cinco años y un 6C/V4 parecía algo muy extremo. Mi punto es que los grandes objetivos de la vida, que tenía cuando estaba en mi "mejor momento" físico, era soltero y tenía mucho tiempo, ahora parecen ser patéticos en comparación con lo que ahora puedo lograr en circunstancias más limitadas, ¿hasta dónde podré llegar? sigue siendo un misterio, ya que en muchas ocasiones he subestimado mi potencial. El futuro está aún por escribirse; ¿podrías superar tus expectativas presentes?

Aprender se trata de cambiar, lo cual es fundamentalmente incómodo para nuestros frágiles egos.

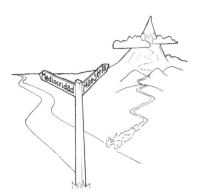

Hay muchas buenas razones para evitar el arduo camino hacia lograr dominar algo, como: verse torpe, hacer las cosas de manera diferente y fracasar constantemente, siempre será más cómodo optar por el camino de menor cambio y de la mediocridad.

Los ejercicios de este libro te llevarán a una experiencia de escalada fluida y sin esfuerzo, siempre y cuando estés dispuesto/a a batallar mentalmente en escaladas que normalmente haces sin problemas.

Conciencia: La Barrera Inconsciente

"Estas tres cosas son duras: el acero,
el diamante y conocerte a ti mismo"

- Benjamin Franklin,
uno de los padres fundadores de los Estados Unidos

Cuando un escalador fracasa en una ruta, instintivamente se pregunta qué es lo que está limitando su capacidad de escalada; la respuesta más común que recibimos de nuestro cuerpo es el dolor o sensación aguda de bombeo en los antebrazos, entonces, el escalador concluye que, hubiera tenido más éxito si sus antebrazos hubieran resistido para la séptima placa, así que como vía de mejora comienza a buscar una mayor fuerza y condición física.

Una retroalimentación más sutil, que suele pasarse por alto, es la que se basa en niveles más altos de conciencia corporal. La forma en que un escalador piensa, se mueve y respira influyen en los resultados, a veces más que la condición y la fuerza.

La razón por la que la mayoría de la gente no se esfuerza por desarrollar una buena técnica es la falta de conciencia de que siempre existe un margen de mejora.

Algunos de Mis Errores

Durante quince años fui ignorante de la técnica de la escalada. Era fuerte, razonablemente flexible y ni una sola vez pensé en dar marcha atrás cuando las cosas se complicaban. Este enfoque obstinado produjo una década de mejoras constantes, experiencias apasionantes y algunos vuelos en escalada tradicional, pero, también provoco siete años de codo de golfista y de tenista, innumerables torsiones en los dedos y a la edad de veintiocho años dos graves lesiones en el hombro. A esta altura, mis hombros me permitían escalar suavemente solo una vez a la semana, por lo que las mejoras en el estado físico estaban fuera de la discusión. Pasé momentos fantásticos escalando, conocí a mi esposa y me gané la vida enseñando y guiando, pero consideré seriamente abandonar la escalada debido al dolor y a la frustración. El progreso, que había sido mi principal motivación, parecía imposible, después de un año sin éxito en la rehabilitación del hombro, por desesperación, comencé a trabajar en la técnica y me iluminé. ¡Mi técnica era pésima, mi postura lamentable y mis tácticas atroces! Se me levantó el velo de la conciencia, tres años después, ambos hombros fueron reparados quirúrgicamente y formé una familia, adquirí una hipoteca y muchas nuevas limitaciones de tiempo, a pesar de esto, durante la última década he mejorado constantemente en la escalada tradicional, en la deportiva y en el bloque, tanto en términos de rendimiento como de satisfacción.

La percepción era mi barrera, ¿podría ser la tuya?

Capítulo 1

Pies

"La escalada es un deporte de tracción trasera"

- El escalador británico Johnny Dawes

E N cada excelente escalador, un buen juego de pies denota un movimiento de alta calidad. Si bien la mayoría de los escaladores reconoce que el juego de pies es importante, muchos no logran explorarlo más allá del nivel básico y se construyen malos hábitos que se van reforzando a lo largo de las décadas de practicar escalada.

Para los escaladores, los pies; siendo la mitad de nuestros puntos de contacto con la roca, desempeñan un papel similar al de las manos, pero, a diferencia de nuestras manos, los pies están unidos a extremidades que durante largos períodos de tiempo pueden cargar fácilmente nuestro peso corporal, después de una docena de movimientos en un pegue, el destino de nuestros antebrazos frecuentemente es decidido por la eficacia con la que nuestras piernas cargan nuestro peso. Carga bien tu peso, con el mejor equilibrio, y estarás fresco para los movimientos más duros del crux, si pierdes la oportunidad de mejorar tu posición de equilibrio a través de tus pies, te agotarás mucho más rápido y esto significa que dependerás mucho más de la forma física de tu antebrazo. Nuestras manos están al alcance de la vista, son extremadamente sensibles y están bien adiestradas en pequeños movimientos complejos como por ejemplo mecanografiar. En contraste, nuestros pies están fuera del alcance de la vista,

son menos sensibles y mucho menos coordinados para realizar movimientos finos. Esperar que los pies se desempeñen igual que nuestras manos cuando escalamos y que simplemente "den un paso por sí solos" no es realista, a menos que nos comprometamos a brindarles una atención sensible y el entrenamiento que se merecen:

Hola Pies

Comencemos por sintonizarnos con nuestros puntos de contacto más distantes y veamos realmente qué están haciendo. Para este ejercicio, elige una pared, ya sea vertical o un slab, que no sea difícil de escalar, que no cause ansiedad y que tenga muchos agarres grandes. Esto probablemente signifique escalar en yoyo (top rope), con un asegurador automático o una travesía sencilla para que toda tu atención se concentre en observar tus pies.

Elige solo una de las siguientes preguntas por ascenso y escala en repetidas ocasiones hasta que puedas responder con seguridad lo siguiente:

- ¿Cuántos posicionamientos de pies utilizaste en esta pared?

- ¿Cuántas veces apuntan ambos pies hacia la izquierda?

- ¿Cuántas veces apuntan ambos pies hacia la derecha?

- ¿Cuántas veces apuntan ambos pies a la pared (con los dedos de los pies en contacto)?

- ¿Cuántas veces apuntan ambos pies lejos de mi cuerpo (bordes interiores)?

Hasta aquí, quizás puedas responder estas dos preguntas sin volver a escalar:

- ¿Cuál es mi posición preferida?: apuntando hacia la izquierda, apuntando hacia la derecha, con los dedos de los pies en contacto o con los bordes interiores.

- ¿Qué efecto tienen estas posturas en la posición de mi cadera?

Es muy probable que las siguientes tres preguntas requieran de más escalada antes de que puedas responderlas:

- ¿Cuántas veces después de colocar el pie; toco ligeramente, ajusto o reboto un pie más de medio milímetro después de posicionarlo en una presa durante un ascenso?

- ¿Cuántas veces hago contacto primero con la pared y después necesito deslizar mi pie hacia abajo más de medio milímetro hasta el agarre?

- ¿Qué pie es más preciso, el izquierdo o el derecho?

Si puedes responder a todas estas preguntas con certeza, bien hecho, puedes descansar. Ahora encontrarás muchas posibilidades para explorar con tu juego de pies. Las sugerencias a continuación son solo algunas de ellas.

Ejercicio 1: Pies de Ninja Seriamente Silenciosos

Éste es el paso lógico después de que hayas respondido a las últimas tres preguntas o si estás tratando de evitar un asesinato mientras escalas:

Asciende por una pared que sea fácil y con agarres multicolor, haciendo el menor número posible de golpecitos con el pie o ajustes innecesarios y prestando especial atención a tu pie menos preciso.

No cuentes los pivotes voluntarios sobre los pies, solo cuenta los movimientos no planificados, y esfuérzate por la excelencia, y no por la perfección.

Ejercicio 2: Dos Pies en contacto

Este ejercicio puede resultar un desafío para aquéllos que son fanáticos de las banderas, en las cuales te paras sobre una pierna con la otra extendida hacia un lado.

Escala en una pared que sea fácil, usando todos los agarres y sigue la siguiente regla:

Durante cada movimiento de la mano, ambos pies deben permanecer en contacto con un agarre.

Básicamente, este ejercicio evita tres cosas: banderas, finalizar los movimientos de la mano con un pie fuera de contacto y elegir posiciones estáticas con un solo pie para chapar y para magnesear. Si este ejercicio te parece desafiante puede ser que el uso de banderas sea parte de tu rutina habitual, practicar este ejercicio te beneficiará hasta que no requiera más atención que aquélla de escalar naturalmente.

Cuando estás de pie en el suelo, ¿Mantienes el equilibrio sobre un pie de forma natural?, ¿Acaso eres como un flamenco? Si no es así, el mejor equilibrio para soportar tu peso contra la gravedad significa estar por lo menos en dos puntos de contacto, al escalar, esto generalmente se traduce a tener ambos pies en contacto con los agarres, pero podría ser cualquier cosa en la que uno se pueda apoyar para aliviar la tensión de los antebrazos

y transferir el esfuerzo a grupos musculares más grandes. Un ejemplo de esto es cuando se escala en chimenea.

Hay dos razones por las que muchos escaladores optan por pararse sobre una pierna más de lo absolutamente necesario:

Nuestro cerebro es flojo: requiere de menos atención optar por un punto de apoyo para desde ahí realizar un movimiento que optar por dos puntos de apoyo. Además de que tenemos un cerebro flojo, hacemos un poco más de esfuerzo *físico* para sentir menos esfuerzo *mental*. Sin embargo, con la práctica esto se puede superar. Una vez que la elección de dos puntos de apoyo para cada movimiento no requiera de atención extra, el cuerpo automáticamente optará por esto, ya que físicamente es la opción más eficiente. El santo grial del dominio de la técnica de escalada es: ¡realizar movimientos eficientes sin esfuerzo mental! Es decir, de forma automática.

Tomar decisiones impulsadas por la ansiedad: normalmente al iniciar un pegue, estamos muy ansiosos. Esta ansiedad provoca que con mucha frecuencia busquemos agarres grandes, por lo que nuestra atención se dirige hacia esta búsqueda. Nos estiramos hacia estos agarres y perdemos la atención en los pies y en el proceso tal vez quitamos un pie de un punto de apoyo y quedamos fuera de equilibrio y solo reacomodamos los pies una vez que ya hemos agarrado la presa. Esto puede convertirse en un patrón habitual de escalada guiado por movimientos de mano que se repite una y otra vez, el cual es: "tomar el agarre, establecer el equilibrio".

Si la búsqueda del equilibrio fuera la prioridad, en vez de ser una idea secundaria, colocaríamos nuestros pies perfectamente para lograr que cada movimiento de la mano sea lo más fácil posible.

Impulsado por Ansiedad vs Impulsado por Equilibrio

Ejercicio 3: Crear una Plataforma

Imagina que hay una tabla debajo de tus pies, tus caderas deben permanecer verticalmente por encima de esta plataforma para que puedas estar en una posición estable. Está bien que la plataforma se incline hacia la izquierda o hacia la derecha, siempre y cuando tus caderas permanezcan verticalmente por encima de ella.

Repite el ejercicio **Dos Pies en Contacto**; pero esta vez, crea una plataforma imaginaria con tus pies para cada movimiento de la mano, asegurándote de no cambiar la posición de la plataforma a menos que ambas manos estén en algún agarre.

① Crea una plataforma...

③ Mueve la mano

② Mueve la cadera hacia la plataforma

youtu.be/wFFTpqGGzMg

Este ejercicio fomenta un cambio hacia la toma de decisiones basada en el equilibrio, para muchos, una forma completamente diferente de imaginar la subida en un pegue.

Ejercicio 4: Brazo Estirado, Cuerpo Flexible

Para realizar este ejercicio de forma correcta, necesitarás un uso creativo de tu torso y de tus piernas, los cuales dependerán de tu juego de pies.

Por cada movimiento nuevo de la mano, el brazo opuesto deberá quedar estirado mientras sostiene un agarre. Empieza en un muro fácil en vertical o ligeramente desplomado que tenga muchos agarres grandes.

Reducir la movilidad del tren superior del cuerpo revela si un escalador se posiciona usando sus brazos, su cuerpo o sus pies. Algunos escaladores se equilibran usando los brazos, otros reorganizan sus pies para mantener el equilibrio y logran mantener el brazo estirado, incluso cuando los puntos de apoyo son limitados. Al doblar las piernas y al torcer el tronco se puede mantener el equilibrio sin necesidad de jalar con los brazos. ¿Qué brazo te resulta más fácil mantener estirado; el derecho o el izquierdo?

Sentirse cómodo al realizar este ejercicio comprueba que puedes minimizar el uso de los brazos a través del juego de pies y del posicionamiento del cuerpo, esto significa que te quedará más fuerza para el crux y a largo plazo tendrás codos más felices, ya que el riesgo de lesiones se reduce. Si te está costando trabajo en un muro fácil, reorganiza tus pies para soportar mejor tu peso según el ejercicio del Creador de Plataformas y confirma que no estés haciendo banderas innecesariamente.

youtu.be/yG2fvVrhc_c

Torsiones

Una habilidad fundamental del movimiento de escalada en muros verticales y desplomados es la torsión de cadera y del torso. Muchos escaladores inician su aprendizaje de escalada en muros ligeramente desplomados o en slabs, evitando así muros bastante desplomados. Si bien, esto puede provocar éxitos al inicio, también puede significar que se desarrollen mucho más las técnicas de slab, como la escalada frontal.

El estrés que conlleva hacer un pegue duro y desplomado puede ocasionar que el escalador utilice habilidades que conoce bien, en lugar de adaptar su estilo a la superficie. La clave para lograr moverse con eficiencia en muros desplomados, en techos y en bloques está en sentirse cómodo tanto en posiciones donde te encuentres lateral al muro como en aquéllas en las que te encuentres de frente a él y puedas pivotar de un lado a otro.

Ejercicio 5: Cadera y Mano

Este es un método clásico para que te familiarices con las técnicas de torsión eficientes y con el fino juego de pies que éstas requieren.

Al realizar un movimiento nuevo de mano, la cadera debe pegarse al muro hacia el mismo lado que la mano en movimiento.

Realiza este ejercicio en muros verticales o en muros ligeramente desplomados con muchos agarres grandes.

Este ejercicio desafía distintas habilidades como la familiaridad del escalador con el movimiento lateral y la capacidad de posicionar el cuerpo para permitir una torsión eficiente. Una vez que logres ejecutar este ejercicio de manera confiada te será más fácil identificar oportunidades para posicionar el cuerpo de forma lateral, también para saber cuándo pivotar entre posiciones y para reconocer cuál es el brazo apropiado para chapar o magnesear cuando te encuentras en una posición de lado al muro, siendo éste el brazo interior (el brazo que está del mismo lado que la cadera pegada al muro). Si tienes un lado del cuerpo preferido para girar, notarás que para realizar un movimiento nuevo de mano es tentador no pivotar hacia el lado opuesto, más aún, cuando te sientes estresado durante un pegue en una ruta difícil, tiendes a buscar tu lado preferido, ocasionando que en el proceso desaproveches secuencias de movimientos más fáciles. Sentirte cómodo al girar asegurará que no te trabes en tu lado preferido y que no desaproveches estas secuencias. Si te resulta agotador en un muro fácil, comprueba que no estés haciendo muchas banderas y si realmente el "Creador de Plataforma" está soportando tu peso.

youtu.be/GS_ByeGPQcY

Ejercicio 6: Los Tres Grandes

Para que tengas una prueba compleja de un juego de pies creativo y eficiente, combina **Cadera y Mano** con **Dos Pies en Contacto** y el **Brazo Estirado, Cuerpo Flexible.** Al realizar un movimiento nuevo de mano, ambos pies deben permanecer en contacto con un agarre, la cadera debe pegarse al muro hacia el mismo lado que la mano en movimiento y el brazo opuesto deberá quedar estirado mientras sostiene un agarre.

Es importante practicar y pulir los tres ejercicios por separado, combinando uno por uno y siempre distinguiendo el efecto que tiene sobre el resto de tus movimientos. Si lo intentas demasiado pronto tu cerebro podría implosionar.

youtu.be/7PH6HJ9q4jk

Movimiento Dinámico del Pie

Es buena idea minimizar el tiempo que pasamos de pie sobre una sola pierna, sin embargo, esto ocurre inevitablemente por algunos segundos cada vez que movemos un pie. Si estuviéramos en una posición estable con nuestro peso completamente sobre la otra pierna puede que esto no afecte nuestros brazos, sin embargo, con bastante frecuencia no es posible y mientras que establecemos un nuevo punto de apoyo con el pie, los brazos deben trabajar momentáneamente más duro. A menudo esto provoca un desequilibrio. Una forma de aliviar estos momentos es con esfuerzo físico, forzando el tren superior del cuerpo. Alternativamente, si estamos bien entrenados, podríamos usar estos momentos a nuestro favor para crear impulso con las piernas ahorrando valiosa fuerza de los brazos que podrá ser usada en el crux.

Esto requiere de un alto grado de habilidad y de precisión, justo como cualquier otro movimiento de escalada dinámico, además que, requiere de mucha más concentración en comparación a poder sostenerte con tus brazos durante todo el tiempo del mundo mientras que tranquilamente acomodas los pies. Por lo tanto, la práctica con propósito es fundamental para el éxito en este tipo de movimientos, pero en situaciones de riesgo donde se requieren altos niveles de precisión, el movimiento estático es más seguro, aunque también más agotador.

Ejercicio 7: El Resorte de la Pierna

Toda la fuerza que requiere realizar movimientos dinámicos con el pie debe originarse de la pierna que está más abajo, la que está a punto de moverse. Flexionar antes de saltar resulta extraño para la mayoría de los escaladores, a pesar de que es la forma en la que realizamos un salto cuando estamos de pie en el suelo. Fíjate que nadie a quien quieras impresionar te esté viendo e intenta este ejercicio en yoyo (top rope) o en un slab de ángulo fácil con muchos agarres:

Colócate en una posición en la que estés "listo para desplazarte hacia un lado" con un pie más alto que el otro y ambas manos a la altura de los ojos. Flexionando la rodilla, deja caer tu peso sobre la pierna inferior, luego haz un resorte hacia arriba para colocar el pie en un nuevo agarre, más alto que el pie opuesto. Vuelve a colocar ambas manos a la altura de los ojos y repite el resorte con la otra pierna. Continúa "resorteando" sobre el slab, solo moviendo las manos entre los movimientos de los pies.

Una vez que este patrón de movimiento te sea familiar puedes repetir el ejercicio, concentrándote en jalar lo menos que sea posible con las manos y en no tener los brazos bloqueados. Exagera deliberadamente la flexión de la rodilla inferior para que sientas como la pierna que está más arriba

youtu.be/rjdWKkGP00g

Prepara...   ...Flexiona...   ...Resorteo

y los brazos toman el control para finalizar el movimiento, idealmente, esto debería ser lo más tarde posible. Intenta desplazamientos explosivos realmente altos, movimientos laterales amplios y pequeños pasos sutiles, verifica que los poderosos músculos cuádriceps sean los que estés usando para hacer el resorte, y no los músculos de la pantorrilla.

Puedes darte cuenta de que es más fácil resortear la pierna que deseas mover cuando hay más peso sobre ella. Los movimientos amplios y los desplazamientos altos son los movimientos en los que este ejercicio puede tener el mayor impacto, eliminando así, la necesidad de jalar muy fuerte. Pruébalo subiendo un diedro o puenteando una chimenea.

No todos los movimientos del pie terminan en otro agarre, por lo que, para poner el resorte de la pierna en contexto, debemos sentirnos cómodos usándolo en tres medios diferentes:

1. **Resorte a otro punto de apoyo de pie:** ésta es la primera elección de un maestro de la roca que discierne bien. Poner los dos pies sobre un punto de apoyo significa lograr un equilibrio óptimo, activar el core y hacer un esfuerzo mínimo con los brazos.

2. **Resorte a balance en una pierna:** éste es el segundo mejor, a menudo se realiza en slabs y en situaciones donde se requiere una colocación muy precisa del pie antes de iniciar el próximo resorte.

3. **Resorte a un agarre con la mano:** es el último de la lista y requiere una gran cantidad de tensión en el core para ejecutarse bien. Tan pronto se toma el agarre con la mano, los pies deben reposicionarse para cargar al cuerpo lo más rápido posible. Los escaladores novatos o aquéllos que están orientados a mover primero las manos, suelen precipitarse para tomar los agarres y luego, como una ocurrencia tardía acomodan los pies, esto provoca que pasen mucho más tiempo en desequilibrio.

Encuentra un slab, una fisura delgada o un diedro de grado fácil y escala usando una serie de resortes de pie intencionados. Observa cuántas veces haces cada uno de los tres resortes descritos anteriormente. ¿Puedes maximizar el número de resortes a otro punto de apoyo de pie?

Uno de los grandes beneficios de este ejercicio es que fomenta un enfoque de pies en el que se presiona hacia abajo, para aquellos escaladores cuya obsesión por agarrarse los mantiene mirando hacia arriba, será una experiencia liberadora dedicarle tiempo a un pegue presionando hacia abajo con el pie y haciendo el resorte. Cuando la posición del pie es correcta, los agarres se encontrarán fácilmente al alcance de la mano. El equilibrio se convierte en el foco del movimiento, mientras que el sobre apretamiento con las manos y los pies ruidosos y apresurados se convierten en un recuerdo del pasado.

Banderas

La clave para lograr el mejor equilibrio cuando te encuentras sobre una pierna es usar la otra pierna para hacer una "bandera". Para la mayoría, algunos estilos de banderas son intuitivos, mientras que si se quiere dominar otros, éstos deben practicarse con intención. Una advertencia antes de comenzar a trabajar perfeccionando tus habilidades de banderas: el problema más común que he observado es que se usan de forma excesiva.

En los gimnasios de escalada suele haber puntos de apoyo para los pies ampliamente espaciados, lo que ha ocasionado que para poder realizar un movimiento muchas personas usen habitualmente un pie en lugar de ambos. Elegir un punto de apoyo para moverse en vez de dos requiere de menos concentración, y como tal puede ser un atajo para encontrar la sensación de movimiento fluido sin esfuerzo, desafortunadamente es más difícil estar apoyado en un pie y moverse, que estar en dos. El realizar banderas en exceso se puede considerar como una trampa cognitiva que, con cada movimiento, te va robando a escondidas la resistencia del antebrazo. Si esto te suena familiar, revisa el **Ejercicio 2** para asegurarte de que este ejercicio no alimente tu lamentable hábito de realizar banderas compulsivamente.

Ejercicio 8: El Can-Can

Durante cada movimiento de una mano, solo un pie puede estar en contacto con un agarre.

Los escaladores se pueden encontrar con las limitaciones del ejercicio de diversas formas. Primero, hay tres tipos de banderas diferentes. Puedes colgar la pierna verticalmente o dejarla flotando sobre un punto de apoyo. Si la pierna cuelga o flota, esto sugiere una falta de familiaridad con las banderas y una elección desequilibrada con el otro pie. Observa cómo queda tu pie de apoyo en relación con tu pelvis: ¿está desplazado hacia un lado o directamente debajo?

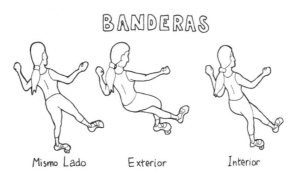

Durante más intentos continúa observando con curiosidad qué es lo que hacen tus pies y responde estas cuatro preguntas:

youtu.be/suunPFxFuoo

1. ¿Se siente más fácil cuando estoy avistando hacia la izquierda, hacia la derecha o hacia el frente?

2. ¿Cuántas banderas por dentro utilicé?

3. ¿Cuántas banderas por fuera utilicé?

4. ¿Cuántas banderas del mismo lado utilicé?

A partir de estas respuestas, sabrás si es que prefieres un tipo de bandera y qué tipo de bandera descuidas. Después de esto, tienes una elección:

· Ejecuta algunas comprobaciones de calidad en tus movimientos de bandera existentes: prueba el Ejercicio 9: El botón.

· Recupera el equilibrio desempolvando las banderas menos utilizadas con el Ejercicio 12: Variación Por dentro- por fuera.

· Regálate una nueva magnesera y trata de olvidarte de todo.

Bandera Pasiva Versus Activa

La pierna que hace la bandera ayuda a mantener el equilibrio actuando como un contrapeso, cuando tu cuerpo está desbalanceado hacia un lado, ésta ayuda a mantener tu centro de masa sobre tu pie de apoyo.

Si la pierna que hace la bandera no está tocando la pared, o solo está ligeramente en contacto con el muro, entonces solo está ayudando con el equilibrio y se considera una *bandera pasiva*. Alternativamente, puedes "empujar" con fuerza contra la pared con el pie que hace la bandera, como si presionaras un botón en la pared, transfiriendo el peso de los hombros hacia el core.

Con esta *bandera activa*, el dedo del pie ahora se puede usar para empujar la pared para realizar los movimientos de mano, lo que significa que puedes iniciar un movimiento con ambas piernas, incluso cuando estés haciendo una bandera.

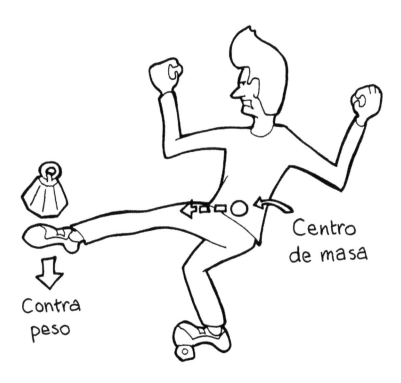

Contra
peso

Centro
de masa

Ejercicio 9: El Botón

Elije una posición de bandera hacia el mismo lado; haciendo la bandera con el pie izquierdo y con la cadera derecha contra la pared.

Presiona con fuerza el dedo gordo del pie izquierdo contra la pared, como si estuvieras presionando un botón en la pared y observa la tensión adicional que se crea en tu cadera y en tus glúteos. Intenta mover la mano derecha desde esta posición.

Compara la tensión del hombro y del core entre hacer esto con una pierna izquierda pasiva (sostenida en bandera) y una pierna izquierda activa (presionando "el botón"). Cuando te sientas listo/a intenta avanzar a algunas variaciones adicionales:

Haz movimientos largos: ahora busca una posición de bandera pasiva en la que quedes encorvado y haz un movimiento largo con la mano derecha, terminando con las piernas estiradas. Observa cómo la pierna izquierda pivota hacia afuera o se arrastra hacia arriba por la pared a medida que te extiendes durante el movimiento.

youtu.be/DW6x42_yEu4

A continuación, imagina "el botón" en un lugar que te permitiría mantener el dedo gordo del pie izquierdo presionándolo durante todo el movimiento de la mano, justo donde idealmente tendrías un punto de apoyo, esto significará tener la pierna en bandera flexionada al inicio de un movimiento largo.

Practicando ambos lados de la bandera, experimenta con la ubicación de los botones usando marcadores de tiza y compara cómo se sienten las diferentes posiciones:

1. ¿Puedes presionar con fuerza durante todo el movimiento?

2. Al principio, ¿está la pierna flexionada o se arrastra un poco al final del movimiento?

3. ¿Qué sucede cuando colocas el botón más hacia arriba o más hacia abajo?

4. ¿Qué sucede cuando colocas el botón más hacia la izquierda o más hacia la derecha?

Te darás cuenta de que la mejor posición del botón depende de dónde está el agarre de la mano al que estás apuntando, los movimientos largos hacia arriba requieren un botón más alto y los movimientos hacia los lados necesitan un botón más cerca de la pierna de apoyo.

Si tienes acceso a un muro de entrenamiento simétrico, compara tus habilidades de bandera hacia ambos lados del cuerpo, finalmente, intenta aplicar la técnica del botón a algunas banderas por dentro y por fuera.

¿Ayuda más para moverse o para mantener posiciones?

Ejercicio 10: Botón y Can-Can

Una vez que hayas identificado cómo se sienten las diferentes técnicas de bandera, prueba estas variaciones más complejas:

Aplica **El Botón** a cada movimiento de bandera durante el ejercicio **Can-Can**: Durante cada movimiento de una mano, solo un pie puede permanecer en un punto de apoyo.

youtu.be/uros0WMF6fg

Ejercicio 11: Can-Can & Cadera y Mano

Continúa observando qué hacen tus piernas y repasa las cuatro preguntas del **Can-Can,** mientras intentas lo siguiente:

Combina el ejercicio **Can-Can** con **Cadera y Mano**: Durante cada movimiento de una mano, la cadera debe pegarse al muro hacia el mismo lado que la mano en movimiento, y solo un pie puede estar en contacto con una presa.

Ejercicio 12: El Can-Can Por dentro- por fuera

Durante cada movimiento de una mano, la cadera debe pegarse al muro hacia el mismo lado que la mano en movimiento y el mismo pie de la mano en movimiento debe estar en bandera. Por ejemplo, la mano izquierda se mueve con una bandera del pie izquierdo.

Este ejercicio producirá una mezcla de banderas por dentro y por fuera, pero no banderas del mismo lado, si deseas enfocarte en un solo tipo de bandera, averigua qué posiciones de pie te convienen más, por ejemplo, alto o bajo, y repite los ascensos usando solo ese tipo de bandera.

Estar familiarizado con la bandera por dentro y por fuera es clave para reducir los cambios de pies, si te encuentras cambiando de pie para realizar una bandera del mismo lado y luego volviendo a cambiar para continuar escalando, perdiste la oportunidad de realizar una bandera por fuera/por dentro y en lugar cambiaste los pies dos veces. Los cambios de pie son duros para los brazos y es mejor minimizarlos. Ésta es una ineficacia de movimiento muy común cuando se hace una pausa para mosquetonear o para colocar equipo de escalada tradicional.

youtu.be/Hx6JGCTDL-8

El Examen Final - Ejercicios 13 y 14

Combina los ejercicios: **Brazo Recto, Cuerpo Flexible** con **Cadera y Mano** y **El Can-Can**. Durante cada movimiento de una mano, la cadera debe pegarse al muro hacia el mismo lado que la mano en movimiento, solo un pie puede estar en una presa y el brazo opuesto deberá quedar estirado mientras sostiene un agarre.

youtu.be/rz6TOPmEXL8

Ahora intenta combinar los ejercicios: **Brazo Recto, Cuerpo Flexible** con **Cadera y Mano** y **Can-Can Por dentro- por fuera**. Durante cada movimiento de una mano, la cadera debe pegarse al muro hacia el mismo lado que la mano en movimiento, el mismo pie que la mano en movimiento debe estar en bandera, y el brazo opuesto deberá quedar estirado mientras sostiene un agarre.

Puedes esperar algunos niveles de confusión si no has logrado dominar los ejercicios individuales.

youtu.be/hRLuNi0o0Sk

El Rincón de los Geeks

Es posible que hayas notado que la conciencia corporal es la raíz de los cambios en el movimiento de escalada, si tienes curiosidad por explorar esto más a fondo, un buen lugar para comenzar es: la somática, te recomiendo A Guide to Better Movement de Todd Hargrove como una buena introducción práctica, ya que se basa en el trabajo más detallado de los pioneros somáticos Thomas Hanna, Moshe Feldenkrais e Ida Rolf.

También puedes haber notado que muchos de los ejercicios prácticos de este capítulo no se centran en lo que se debe hacer, sino que llaman la atención sobre lo que no se debe hacer. Esto tiene su base en la teoría de la adquisición de habilidades "impulsada por restricciones". Dynamics of Skill Adquisition (Davids /Button/Bennett) cubre tanto la teoría como la investigación en detalle. The Inner Game of Tennis (Galway) también precede a la teoría pero fomenta un enfoque similar del aprendizaje en un texto que se traduce bien en el entrenamiento de cualquier deporte.

Capítulo 2

Dedos

E N contraste con nuestros pies, nuestro cerebro es muy sensible a la retroalimentación de nuestras manos y de sus dedos. En consecuencia, tendemos a colocar las manos y los dedos bien y con precisión desde una etapa temprana. Mucho se ha escrito sobre la anatomía de los dedos, las diferentes formas de usar los agarres, los tipos de agarre y el oficio del jamming (empotrar). Este texto se enfoca en desarrollar excelentes hábitos en el uso general de los dedos, una habilidad que se pasa por alto y que en gran medida contribuye a reducir la tasa de lesiones en ellos.

Hola Dedos

Comencemos observando cómo usamos nuestros dedos actualmente. Para este ejercicio, elige una escalada que tenga grado de dificultad establecido o una travesía con gran variedad de agarres, idealmente que tenga pocos agarres grandes y que para ti sea de dificultad media. Para este proceso también puede ser adecuado un circuito moderado de bloque.

Comprueba que estás familiarizado con el argot sobre los dedos, luego escala repetidamente y apunta las respuestas a las siguientes preguntas:

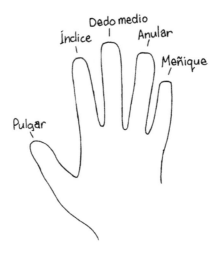

1. ¿Cuántas veces arqueo o hago un semi arqueo con...?:
   A) Dedo meñique B) Dedo anular C) Dedo medio D) Dedo índice

2. ¿Cuántas veces tomo la regleta con...?:
   A) Dedo meñique B) Dedo anular C) Dedo medio D) Dedo índice

3. ¿Cuántas veces me agarro en extensión con...?:
   A) Dedo meñique B) Dedo anular C) Dedo medio D) Dedo índice

4. ¿Cuántas veces pinzo con el pulgar (independientemente de la forma del agarre)?

Bien hecho, si lograste contestar todas las preguntas puedes dejar de fruncir el ceño, es posible que hayas notado ciertas preferencias en la forma en que usas tus manos. Estos ejercicios requieren que te concentres en cómo se siente la posición de tus dedos debido a que ellos normalmente se encuentran fuera de tu vista mientras escalas, si te resulta demasiado difícil, puedes pedirle a un amigo que te ayude a observar.

¿Cuál es la configuración de la posición de tus dedos en los romos y en las regletas? El mío es con el meñique en extensión y los otros tres dedos en semi arqueo. Otras posiciones favoritas son:

· Los cuatro dedos en arqueo.

· El meñique y el índice en extensión, los dos dedos del medio en arqueo o semi arqueo.

· El meñique suelto y los demás en extensión.

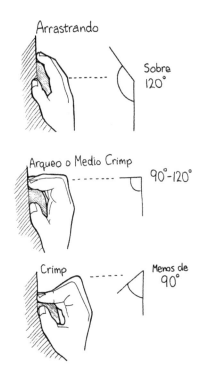

Las diferencias que hay entre escaladores, tienen que ver, en parte, con la longitud relativa de los dedos, un rasgo fijo por el que no debes preocuparte. Otra diferencia está también en los hábitos, que es algo que definitivamente puedes cambiar.

Para combatir las lesiones en los dedos es de gran valor saber qué tipo de agarre es el que más usas. Esto te permitirá modificar los hábitos en el uso de tus dedos y dar forma a un protocolo de entrenamiento de fuerza de dedos, si es que eliges seguir uno.

Básicamente, nuestros dedos no están diseñados para cargar nuestro peso, por lo que, la clave para tener una carrera de escalada larga y disfrutable es que reflexionemos sobre cómo utilizar los dedos de forma económica. Los capítulos Uno, Tres, Cuatro y Cinco se tratan de hacer todo lo posible con el resto de nuestro cuerpo para reducir la carga en nuestros dedos. Las lesiones en los dedos, manos, muñecas y antebrazos ocurren en todas las diferentes posiciones de agarre. Las lesiones más comunes en los dedos son: la distensión y los desgarres de las poleas anulares y cruciformes y, pueden ser causados por el uso habitual y excesivo de regletas. Si no utilizamos la posición de extensión con nuestros dedos, corremos el riesgo de sufrir lesiones que podrían evitarse.

Arqueadores crónicos - ¿por qué arqueo en todo?

El arqueo requiere de un nivel de habilidad más bajo que el que se requiere para hacer un agarre en extensión, por eso es muy popular entre los escaladores principiantes. He sido testigo de la romo-fobia desenfrenada que hay en cualquier muro de escalada. Con un arqueo puedes jalar hacia abajo, hacia afuera y un poco hacia la izquierda y hacia la derecha. En extensión, solo podrías jalar el mismo tipo de agarre hacia abajo y solo se requiere que la fuerza se vaya hacia afuera para sentir el agarre inseguro. El truco para hacer que los romos funcionen radica en una posición cuidadosa del cuerpo, mientras que, hacer que un agarre de regleta sea más efectivo es simplemente una cuestión de sujetarlo con más fuerza. Sin la

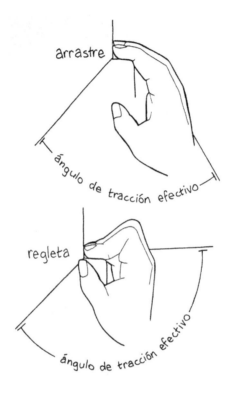

habilidad y la familiaridad que viene con el uso intencionado de los romos, las regletas pueden parecer agarres más útiles.

La ansiedad es otro factor que contribuye al arqueo habitual, ya que el miedo fomenta movimientos cautelosos, lo que resulta en alcances largos, lentos y en "bloqueos" intensos. Esto requiere de jalar el agarre que se tiene bloqueado hacia afuera a medida que éste se mueve por debajo del hombro, provocando el arqueo. Muchas veces el movimiento cauteloso es buena idea. Sin embargo, corres el riesgo de lesionarte los dedos si éste es tu estilo habitual, independientemente de si estás a un metro del suelo, por encima de un colchón grueso, o muy seguro a la altura del sexto bolt.

Puede ser que el arqueo se haya arraigado en tu mente desde que empezaste a escalar, incluso siendo un escalador muy seguro de ti mismo con años de experiencia. Además, puede que siga siendo un hábito aun cuando estás calmado y concentrado. Sin embargo, posicionando el cuerpo hábilmente y con la utilización del core, los agarres a mano abierta (romos) se vuelven mucho más versátiles y atractivos de usar. Con el uso regular viene la confianza y el entendimiento corporal, lo que permite un uso aún mayor. Por ende, los hábitos de arqueo se pueden romper antes de que se rompan los tendones de los dedos.

Familiaridad con el Agarre a Mano Abierta

Una habilidad clave para todos los escaladores es poder sentirse cómodo y relajado usando el tipo de agarre a mano abierta, si no se está familiarizado con él, el cerebro evitará aquellas oportunidades en las que se puede usar, prefiriendo así agarres basados en el arqueo. Este ejercicio no pretende demostrar que ésta es la forma más fácil de escalar, pero acelera el kilometraje de uso de agarre en extensión para corregir hábitos de desequilibrio con los tipos agarre. Elige un muro fácil de escalar y, si es posible, evita escalar en punta en los primeros ascensos:

Ejercicio 15: El perezoso

Escala la ruta usando la posición de agarre en extensión a tres dedos, solamente usando los dedos: anular, medio e índice. Los meñiques y los pulgares están prohibidos, también el semi arqueo y el arqueo completo, así como envolver los dedos alrededor de los agarres grandes está. Piensa en un perezoso de tres dedos.

Observa cómo el ejercicio del perezoso afecta al resto de tu cuerpo y responde lo siguiente:

· ¿Hay tensión adicional en tus brazos, cuello u hombros?

· ¿Estás más ansioso de lo habitual?

· ¿Estiras los brazos más o menos?

· ¿Está tu cadera más cerca de la pared o más afuera?

· ¿Utilizas los agarres invertidos o laterales de manera diferente?

· ¿Cuáles son las limitaciones de este tipo de agarre?

youtu.be/yG_3yhMvF08

Precisión de la mano

Los movimientos dinámicos hacia agarres pequeños como el punto muerto, entre otros, suelen ser el crux de las rutas y de los problemas de bloque. Existen dos opciones para aumentar las probabilidades de atrapar con éxito un agarre pequeño: la primera es, ralentizar el movimiento para que puedas ser más preciso, lo cual es más seguro si la caída presenta un alto riesgo, pero es más extenuante para el brazo opuesto y depende en gran medida del arqueo y del bloqueo. A largo plazo y de forma habitual el uso de este estilo es arduo para los hombros, codos y los dedos.

La otra alternativa es mejorar la precisión de los movimientos de la mano para que, a alta velocidad, atrapes de manera constante los agarres pequeños o incómodos que deben tomarse de una manera específica. El uso habitual y a largo plazo de este estilo es menos dependiente de la fuerza de bloqueo y del poder del arqueo, y por lo tanto es más eficiente y en general asombroso.

Ejercicio 16: Dedos de Ninja

Realiza una travesía o escala un muro vertical que sea fácil, solamente moviendo ambas manos al mismo tiempo, asegúrate de que las dos aterrizan simultáneamente, aumentando el ritmo a medida que agarras confianza.

Este ejercicio agudiza tu capacidad para usar la propiocepción (la conciencia de dónde está tu cuerpo en el espacio) para poder guiar tus extremidades, pues elimina la opción de mirar cada uno de los agarres a medida que tu mano se mueve hacia ellos. No siempre es posible, o eficiente, mantener los ojos fijos durante un movimiento dinámico de manos, por lo que una buena conciencia espacial es esencial.

Variaciones en el muro de bloque:

· Crea desafíos de punto muerto de un solo movimiento en un muro simétrico y compara los niveles de precisión de la mano izquierda y derecha.

· Manteniendo los pies en un lugar, salta con ambas manos hacia tres pares de agarres hacia arriba y de nuevo baja. Usa agarres a la derecha y a la izquierda a diferentes alturas para un desafío mayor, si los pies se sueltan, empieza de nuevo y empuja más fuerte con los pies: mal ninja.

youtu.be/XLYbQyPFcAE

Fuerza de Dedos

Si bien el entrenamiento físico está fuera del alcance de este libro, vale la pena ser consciente de que la fuerza de tus dedos va a afectar la disponibilidad de rango de movimiento que tengas mientras te sostienes de agarres pequeños. Si para poder sostenerte de un agarre estas jalando casi a tu nivel de fuerza máxima, esta tensión muscular hará que te quedes fijo en ese lugar, reduciendo así tus opciones para; girar, colocar bien los pies o hacer movimientos fluidos de cadera iniciados desde el core. Largos periodos de escalada con un bajo rendimiento de fuerza de dedos pueden provocar que un estilo rígido de "impulso frontal" se vuelva un hábito difícil de corregir incluso después de que los dedos se hayan fortalecido.

El Rincón de los Geeks

Muchos libros existentes ofrecen una buena introducción a técnicas básicas de las manos, mi favorito es Advanced Rock Climbing de Long/Luebben, que también tiene una gran sección sobre técnicas de jamming o empotre. El 9 Out Of 10 Climbers Make the Same Mistakes de Dave MacLeod y su enfoque de seguimiento de lesiones Make or Break, contienen información excelente sobre el entrenamiento de fuerza de la mano, sobre la interfaz lesión/técnica y sobre el protocolo de rehabilitación si algo sale mal. Eva López también ha realizado una gran investigación y ha escrito muchos blogs sobre el entrenamiento de fuerza de dedos junto con muchos otros temas de entrenamiento de escalada. Durante los últimos 15 años, los entrenadores de Lattice Training han recopilado algunos datos de investigación interesantes, que relacionan la fuerza de las manos con los grados de escalada, si escalas bloques de grado V5 o encadenas 7b+/5.12 hacia arriba, puede valer la pena que explores más al respecto.

El ejercicio Dedos de Ninja es un ejemplo de entrenamiento propioceptivo. Puede aplicarse con igual eficacia, pero con mayor dificultad a los movimientos del pie y a muchas otras áreas de movimiento.

Capítulo 3

Core

El término core es en realidad bastante vago. Para efectos de este capítulo, el core, son los músculos del tronco que estabilizan tu cuerpo en todas las posiciones de escalada. En las cuatro esquinas del torso hay articulaciones esféricas y sus cavidades que son de gran movilidad. Tu torso en sí no es móvil, pero debe permanecer estable mientras escalas para manejar de manera segura las fuerzas que le llegan de las manos y de los pies. Si tu columna y tu pelvis son inestables, algunos de los músculos más pequeños de las articulaciones movilizadoras (caderas y hombros) o de las extremidades periféricas (rodillas y codos) deberán tomar la carga y trabajar más duro. Esto a corto plazo conduce a una fatiga del antebrazo más rápida y a largo plazo a un desgaste acelerado de las rodillas, hombros, codos y muñecas. Cuando veo a un escalador usando de forma mínima los músculos del core para estabilizar su cuerpo, a menudo veo: brazos, cuello, hombros y pantorrillas tensos y entre esta tensión de la parte superior e inferior del cuerpo hay un tronco gelatinoso.

La cognición de tu core y cómo funciona es algo que va mucho más allá de la técnica de escalada en roca. Explóralo como parte de una cognición postural en todo lo que hagas, particularmente en aquellos movimientos cotidianos que se convierten en creadores de hábitos para toda la vida. La forma en que respiramos, nos sentamos y nos ponemos de pie tiene un gran impacto en nuestra salud a largo plazo. Es fácil asumir que si estamos en forma y activos significa que nos movemos bien, pero a menudo no es el caso, esto se hace evidente cuando alcanzamos la adultez media y nuestras espaldas, cuellos y hombros se desgastan. Cualquier actividad bien enseñada que se base en un buen movimiento puede crear cognición sobre la postura y se puede volver a entrenar cuando sea necesario. El pilates, el yoga, el levantamiento de pesas con máxima potencia y las artes marciales ofrecen un gran alcance para una mejor comprensión y uso del core.

Hola Core

Teóricamente, tu centro de masa es el punto móvil alrededor del cual todo tu cuerpo rotará, pivotará o se balanceará. Normalmente, al estar de pie, se encuentra aproximadamente a dos pulgadas por debajo del ombligo, profundamente en el fondo del cuerpo. Si levantas los brazos, como si estuvieras escalando, tu centro de masa se desplazará hacia arriba, más cerca de tu ombligo.

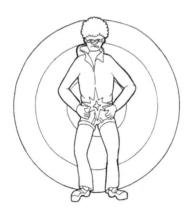

Encontrando el Centro: El Láser Superimán

Desarrollar la sensación de saber dónde se encuentra tu centro de masa es fundamental para la siguiente serie de ejercicios. Comencemos con algunas escaladas sencillas de observación:

Coloca un rastreador imaginario en tu centro de masa y observa qué tan lejos está de la pared mientras asciendes.

Observa cuándo se acerca o se aleja y dónde está si pivotas de lado.

Activa el "Superimán" en el rastreador, que es el metal que atraerá tu centro de masa con fuerza hacia la pared que estás escalando. Al escalar, intenta en todo momento mantener el Superimán lo más cerca de la pared como sea posible.

Observa qué músculos trabajan más duro y cómo afectan tu movimiento. ¿Está tu core más involucrado?

Ahora, invierte el Superimán para que tu centro de masa sea repelido de la pared.

¿Cómo se compara esto en términos de esfuerzo físico y mental? Para algunos escaladores, esto es físicamente más difícil, pero se siente más familiar y en términos de concentración es más fácil. Esto sugiere un movimiento menos eficiente y más cercano a tu estilo habitual.

Apaga el imán y activa el láser para que apunte desde tu centro de masa hacia la pared. A medida que asciendes, observa la línea ondulada que se va trazando en la pared.

¿Es esta línea mayoritariamente recta, curva o con muchos ángulos agudos?

¿Puedes repetir el ascenso trazando un camino más angular y con más curvas?

Si bien los láseres y los superimanes no son herramientas esenciales, la capacidad de concentrarte en tu centro es muy beneficiosa tanto en la roca como fuera de ella. El yoga y las artes marciales orientales se benefician de muchos siglos de refinamiento de este enfoque y para aquellos escaladores que también practican estas disciplinas, este enfoque puede resultarles familiar.

Cada articulación de nuestro cuerpo se mueve en curvas, trazando arcos, elipses y círculos a medida que nos movemos, cuando te apetezca una experiencia meditativa, elige una ruta agradable y permítete fluir hacia arriba en una serie de arcos entrelazados.

Ejercicio 17: El Apretón de Glúteos

Esta progresión se centra en explotar los músculos más grandes del cuerpo, los glúteos, para la estabilidad en posiciones estáticas. Sostente de un muro vertical y acomódate en forma de estrella, en cuatro puntos de apoyo, con los brazos y las piernas bien abiertos:

Sin mover tu tronco ni tu cadera, retira lentamente una mano de la pared, haz una pausa y vuélvela a colocar, observa los cambios de esfuerzo y de tensión en tu cuerpo. Repite esto en turnos con la otra mano y nuevamente con cada pie, teniendo cuidado de no mover el torso en absoluto.

Acabas de sintonizar algunas de las exigencias de estabilidad de la escalada, como cuándo una extremidad cesa de estar en contacto con la pared y el esfuerzo adicional que esto implica y en qué parte del cuerpo se distribuyen las fuerzas.

Repite el ejercicio anterior en los mismos cuatro agarres, pero esta vez aprieta los glúteos (trasero) cada vez que mueves una extremidad, siente la diferencia que esto provoca en tu estabilidad.

Las cargas en tu cuerpo no han cambiado entre estos dos ejercicios, simplemente las has desplazado a diferentes grupos musculares. La activación del core trabaja para mejorar nuestra escalada al desplazar el esfuerzo de los músculos más trabajados como los de los brazos y los de los hombros a los músculos que pueden trabajar bien dentro de su capacidad.

Escala por una ruta vertical fácil, apretando los glúteos mientras muevas las manos y relajando los glúteos solo cuando ambas manos vuelvan a sujetarse.

¿Qué efecto tuvo esto en la posición de la cadera?

¿Cómo se siente si intentas mantener los glúteos tensos para hacer los movimientos de los pies?

¿Qué se siente en una superficie desplomada?

¿Qué se siente cuando escalas un slab?

youtu.be/5vatkX_-KCg

Ejercicio 18: Progresión Cadera y Mano

Combina el ejercicio; **El Apretón de Glúteos** con el ejercicio de **Cadera y Mano**: durante cada movimiento de la mano, los glúteos deben estar apretados y la cadera debe pegarse al muro del mismo lado que la mano en movimiento.

Fuerte Vs Ligero

Te habrás dado cuenta de que para realizar un movimiento de la mano y para estabilizarte, es necesario un cierto nivel de esfuerzo en los glúteos, pero no todos los movimientos necesitan tensión total, éste es el caso con todo tipo de esfuerzo muscular, para lograr cierto tipo de acción. Existe una escala móvil en la que la verdadera eficiencia proviene de usar el *esfuerzo suficiente*. Quizás habrás sentido que puede ser complicado utilizar momentum en un movimiento si tensas los glúteos durante más de un momento; los movimientos estáticos de la mano son los más fáciles de ejecutar cuando gracias a la tensión te encuentras fijo en un lugar. El coreógrafo de danza Rudolf Laban describió los dos extremos del espectro como posiciones **fuertes** versus **ligeras**. Cualquier posición durante un pegue se puede mantener en cualquier rango de este espectro. Las posiciones fuertes ofrecen máxima estabilidad y seguridad en agarres deficientes, mientras que las posiciones ligeras permiten la máxima relajación para la recuperación y la economía. Los atletas de bloque suelen dominar un extremo del espectro y los escaladores de tradicional el otro. La capacidad

youtu.be/TepYEbZ7ass

de moverse con fluidez dentro de este espectro, según las demandas de cada escalada beneficiará a todo tipo de escalador.

Se consciente de esto mientras exploras movimientos más dinámicos:

Uso del Momentum

Todos los escaladores, enfocados alrededor de su centro de masa, tienden a usar intuitivamente su core para generar impulso cuando es necesario. La siguiente sección habla de cómo explotar esta habilidad en todo su potencial.

Durante los movimientos estáticos de la mano, el crear tensión con los glúteos puede ayudarnos a reducir el esfuerzo del brazo, sin embargo, para crear esta tensión aún tenemos que exigirle a otras partes del cuerpo, particularmente en superficies más desplomadas.

Durante cada movimiento nuevo de una mano, la mano del brazo opuesto tiene que sostener doblemente fuerte para mantenernos agarrados al muro o a la roca. En esta situación el momentum tiene el potencial de aumentar nuestra eficiencia significativamente. Usar un movimiento dinámico le evita parte del esfuerzo al brazo opuesto porque le quita temporalmente peso a la mano.

Movimiento Dinámico y El Riesgo

A veces, el uso del momentum se percibe como una forma de escalar sin control y de alto riesgo, sin embargo, cuando se ejecuta con destreza mejora la eficiencia del movimiento (intenta caminar sin momentum) y cuando se emplea con precisión se puede utilizar de manera consistente y segura. Para un escalador de tradicional que va a encadenar a vista una ruta riesgosa, el momentum se puede usar de manera muy sutil para pequeños movimientos de mano y ajustes con los pies, mientras que los alcances estáticos serán necesarios para realizar movimientos comprometidos que conlleven un alto riesgo, en contraste, están los intentos de encadene o bloques fuertes donde cada movimiento se puede realizar como un punto muerto, lo que permite moverse rápida y económicamente a través de muchas secuencias difíciles, si eres lo suficientemente fuerte podrás realizar casi todos los movimientos de la mano de forma estática. Solo el entrenamiento con propósito te dará las habilidades para poder usar el movimiento dinámico y evitar que dependas de la fuerza.

La forma más efectiva de moverse con un mínimo esfuerzo es usando el centro de masa para generar impulso. Compara mover tu centro de masa hacia arriba con impulso; como cuando saltas, con levantarlo haciendo una dominada. ¿Cuántos saltos puedes hacer en relación a la cantidad de dominadas?

Si siempre que sea posible utilizamos esos músculos y técnicas de las piernas para escalar, guardaremos los brazos para cuando realmente tengamos que jalar con fuerza.

Movimientos de Momentum
- Los Cuatro Resortes

En el 2010, el escalador escocés Dave MacLeod publicó su primer libro, *9 de cada 10 Escaladores Cometen los Mismos Errores*, desde entonces, se ha convertido en un libro histórico sobre la mejora holística de la escalada, que introduce los diferentes tipos de movimientos de momentum a nuestro deporte.

En este capítulo me basaré en los cimientos de MacLeod y exploraré más a fondo el lugar que estos movimientos tienen dentro del movimiento general de la escalada. He dividido los movimientos de manos basados en momentum en cuatro tipos distintos:

- El Péndulo

- El Sacacorchos

- El Empuje de Piernas

- El Core Pop

¡Estos movimientos y sus variaciones cubrirán casi todos los movimientos de mano que hagas!

Éstos son ejercicios prácticos y detallados, con gran potencial de crear confusión y rechinar en los dientes. Cuando los pruebes por primera vez, para que tengas mayores posibilidades de éxito, lleva este libro contigo y ten a la mano los videos que aquí van incluidos. Hacerte un video mientras los practicas te ayudará con la retroalimentación, un punto ideal de partida es un muro de bloque vertical cubierto con agarres grandes.

Ejercicio 19: El Péndulo

Este ejercicio es para realizar un movimiento único de la mano hacia un lado cuando se está de frente al muro. Colócate viendo hacia el muro y sostente de cuatro buenos agarres. Con las manos a la misma altura, mira a la izquierda y elije un agarre objetivo para tu mano izquierda que se pueda alcanzar sin mover ninguno de los pies, húndete sobre las piernas dobladas con las rodillas apuntando hacia afuera hasta que ambos brazos estén estirados, ésta es la posición inicial.

Manteniendo los brazos lo más estirados posible, usa las piernas para llevar la cadera hacia la derecha, luego columpia la cadera hacia la izquierda y mientras lo haces, ve moviendo la mano izquierda hacia el objetivo.

youtu.be/umxTDNi5qNo

Imagina que tu centro de masa es como un péndulo que es empujado hacia la derecha y luego es soltado para que columpie hacia la izquierda de tal manera que el agarre queda al alcance. Todo el esfuerzo inicial proviene de las piernas, seguido de un balanceo relajado con la cantidad de momentum necesaria para poder detenerse cuando llegues al nuevo agarre. Repite esto cinco veces moviéndote hacia la izquierda con la mano izquierda, luego hacia la derecha con la mano derecha. En cada repetición analiza cuidadosamente tus posiciones de salida y de llegada, el core debe activarse para estabilizarte en la nueva posición y evitar de nuevo que el cuerpo se columpie hacia el lado opuesto. Si te sientes como un orangután, ¡lo estás haciendo bien!

Uno de los objetivos de dominar Los Cuatro Resortes es el de establecer la forma más fácil y eficiente de realizar cualquier movimiento de la mano. Ejecutar estos movimientos en los agarres disponibles que hay en una ruta determinada no siempre será posible debido a las infinitas variables que hay dentro de la escalada. Sin embargo, si la versión perfecta del movimiento está bien entrenada, tienes muchas posibilidades de encontrar oportunidades para acercarte a esa versión en tu movimiento cotidiano. A continuación, se muestra una lista de criterios que debes cumplir al final de cada movimiento de la mano; utilízalo como un "control de calidad" de tu técnica en Los Cuatro Resortes:

Lista de Verificación de la Forma Ideal de cómo Acabar el Movimiento

· Brazos estirados, cuerpo recargado en los agarres de apoyo.

· Oferta y demanda: el impulso de la cadera se debe agotar justo cuando tu mano se encuentra con el objetivo. Esto confirma que has coordinado exactamente la cantidad de esfuerzo requerido con la demanda del movimiento.

· Después de tomar el objetivo, el centro de masa no se debe mover en absoluto.

· Cuerpo atraído hacia la pared con glúteos y core activados.

Solución de Problemas

Si ambos brazos terminan flexionados, es posible que estés estirando las piernas de forma habitual. Comprueba que ambas piernas estén dobladas para que te mantengas lo más abajo posible y evites "ponerte de pie" en medio de un movimiento. Si estás jalando con los brazos para finalizar un movimiento significa que no has creado suficiente impulso, así que intenta un empujón más fuerte al inicio del movimiento. Bambolear o pivotar después de haber atrapado el agarre sugiere que la tensión del core es baja: aprieta los glúteos cuando alcances el objetivo y permanece inmóvil hasta que te sientas estable.

Ejercicio 20: El Sacacorchos

Este ejercicio es para realizar un movimiento único de la mano hacia arriba cuando se está de lado al muro. Se le conoce como movimiento egipcio o movimiento de retroceso. De los cuatro resortes, éste es el más complejo de realizar, así que emprende este ejercicio con mucha energía y concentración. Colócate viendo hacia la derecha, de lado al muro con la cadera izquierda a 15 centímetros de la pared y sosteniendo cuatro agarres buenos. Tus manos deben estar niveladas entre sí, al igual que tus pies. Mira hacia arriba y elige un agarre objetivo para mover tu mano izquierda directamente sobre tu cabeza, o hacia arriba a la izquierda. Para evitar complicar las cosas, asegúrate de que el objetivo sea accesible desde tus puntos de apoyo existentes para que no termines parado sobre una pierna. Húndete sobre las piernas dobladas, las rodillas deben apuntar hacia la derecha hasta que ambos brazos estén estirados.

Manteniendo el brazo derecho estirado, gira un poco la cadera en el sentido contrario a las manecillas del reloj para estar de frente al muro, luego gíralas con fuerza en el sentido de las manecillas del reloj hacia el muro, extendiendo las piernas simultáneamente para alcanzar el objetivo con el brazo izquierdo estirado.

Mientras dure este movimiento, tu brazo derecho puede permanecer estirado. El movimiento inicial en sentido contrario a las manecillas del reloj

youtu.be/1p0yTrIyOPw

"desenrollando" la cadera es como agacharse antes de un salto cuando estás de pie. Ésta es la preparación hacia el movimiento de tu centro de masa. El hombro izquierdo es elevado gracias al poderoso movimiento de torsión generado por tu centro de masa a medida que extiendes las piernas para alcanzar el objetivo, creando una trayectoria en forma de sacacorchos. Este tipo de rotación debe continuar hasta que tu cadera termine señalando ligeramente hacia afuera. Al final del movimiento, el ombligo debe apuntar lejos del muro a unos 45 grados. Repite este ejercicio varias veces en movimientos con la mano izquierda (mirando hacia la derecha) y en movimientos con la mano derecha (mirando hacia la izquierda).

Ahora prueba el mismo movimiento con un enfoque diferente:

Ejercicio 21: Variación Lanzamiento de Rodilla

Colócate de lado al muro, mirando a la derecha como para hacer El Sacacorchos. Manteniendo el brazo derecho estirado, gira la rodilla izquierda hacia atrás, del lado izquierdo (abriendo la cadera) y luego tírala con fuerza hacia la derecha y hacia abajo. Deja que la cadera, el tronco y los hombros giren en seguida de la rodilla, extendiéndote hasta el objetivo mientras giras.

youtu.be/0zKeJY9iCbM

Examina detalladamente cómo se siente cada movimiento y compara con la siguiente lista de verificación:

Lista de Verificación de la Forma Ideal de cómo Acabar el Movimiento

- Ambos brazos estirados.

- Oferta y demanda: el impulso de la cadera se agota al mismo tiempo que tu mano encuentra el agarre objetivo.

- Después de capturar el objetivo, la cadera no se debe mover en absoluto.

- Cuerpo atraído hacia el muro con glúteos y core activados.

Solución de Problemas

Si sobre extiendes cualquiera de las piernas, tomarás el agarre objetivo con un brazo doblado, apunta a "apenas" alcanzar el agarre objetivo. Si el sacacorchos no lleva la fuerza suficiente, te quedarás sin momentum y doblarás el brazo opuesto cuando finalices el movimiento.

Una vez que percibas este ejercicio, te darás cuenta de que El Sacacorchos es un movimiento único de la mano del **Ejercicio 5: Cadera y Mano** en el Capítulo Uno. Este ejercicio se puede utilizar para implantar el sacacorchos hasta que, después de muchas repeticiones, ¡asciendas ligeramente en espiral por los muros!

Ejercicio 22: El Empuje de Piernas

De cara al muro, se trata de un movimiento único de la mano hacia arriba, a menudo llamado movimiento de punto muerto. También es el primero de los Cuatro Resortes que generalmente no se puede realizar con los dos brazos estirados mientras que dura el movimiento. Toma una posición viendo hacia el muro, nuevamente con los pies y las manos nivelados en buenos agarres y cuando ambas piernas estén estiradas coloca las manos aproximadamente a la altura de los hombros, mira hacia arriba y elige un agarre objetivo cerca de tu alcance máximo para tu mano izquierda. Para iniciar el movimiento, húndete sobre los puntos de apoyo dejando los brazos estirados.

Baja tu cuerpo levemente sobre tus piernas y propúlsate hacia arriba con un empuje de piernas, tu centro de masa debe moverse hacia arriba en un arco que se curva primero hacia afuera y luego hacia adentro para terminar en el muro justo cuando tu mano izquierda alcanza el agarre objetivo con un brazo estirado.

Para este movimiento, imagina que eres un cohete espacial: tus piernas son los propulsores que te impulsan hacia el espacio y tu brazo derecho es el ala de cola, que guía y dirige, pero no proporciona potencia. Algunas veces los dinámicos intimidantes toman esta forma, pero terminan con dos o más miembros del cuerpo fuera de la pared, sin embargo, los principios del movimiento siguen siendo los mismos. Para maximizar el éxito

del movimiento debes concentrarte en que la potencia inicial está en las piernas y en los puntos de apoyo, mientras que tu centro de masa traza una curva que se mueve hacia la pared o se encuentra inmóvil al momento en que tomas el agarre final.

Practica el empuje de piernas con ambas manos, con una variedad de agarres de diferentes tamaños y con diferentes longitudes de movimiento; prueba estas variaciones como refuerzo para que te concentres en involucrar el core en el punto muerto del movimiento:

Pegar el Ombligo

Repite el Empuje de Piernas, pero concéntrate en pegar el ombligo a la pared mientras tomas el agarre objetivo, la idea es que después de haber tomado el agarre la cadera no se mueva en absoluto.

Observa cómo **El Apretón de Glúteos** contribuye a este ejercicio y compara cómo se involucra el esfuerzo del hombro si mantienes un core relajado mientras haces el movimiento. Pruébalo en un muro que sobresalga 20 grados o más y observa cómo cambia la carga en tu core.

Ejercicio 23: Variación con Una Mano

Repite El Empuje de Piernas, pero suelta la mano inferior justo antes de tomar el agarre objetivo.

Ejecutar este ejercicio en agarres pequeños o en pockets (agujeros), presenta una prueba severa de precisión de la mano, control del core y maestría del movimiento dinámico. Siente cómo aumenta la carga en el core y la importante demanda de sincronización y precisión en el movimiento.

La lista de Verificación de la Forma Ideal de cómo Acabar el Movimiento es la misma que en el Ejercicio 21, pero solo una mano está sujeta al agarre objetivo y el brazo debe estar estirado.

Solución de Problemas

Si llevas demasiado momentum o si tus piernas están extendidas, es probable que tomes el agarre con el brazo doblado o que te pases y caigas encima del agarre, lo que provocará un estrés innecesario en los dedos. Si para alcanzar el agarre, llevas poco momentum usarás el brazo que sirve de asistencia para bloquear y jalar. Si tus pies se sueltan de los puntos de apoyo, deberás involucrar más tu core al final del movimiento. Si pivotas o te tambaleas hacia los lados después de tomar el agarre, es posible que hayas elegido un movimiento de mano ligeramente desplazado y podrías intentar esto:

youtu.be/2o1KRrzkg2k

Mantén la posición final en la forma en la que se sienta más natural y toma una nota mental de dónde está tu centro de masa en el espacio. Ahora regresa al inicio del movimiento y traza una curva con tu centro de masa que vaya directamente a la posición final que acabas de anotar.

A veces el escalador logra agarrarse, pero falla al intentar controlar el swing o el pivote, algo que se puede evitar moviéndose directamente a la posición final.

Si alcanzas el agarre, pero al mismo tiempo tu cadera se mueve hacia afuera, hacia abajo o hacia los lados, caerás en esa dirección a menos que el agarre sea demasiado bueno.

Ejercicio 24: El Core Pop

¿Alguna vez has mirado fijamente el próximo agarre, te das cuenta de que está a tu alcance, pero sabes que, si te sueltas para mover una mano, te caerás? Éste es el momento de utilizar un Core Pop de emergencia o una de sus variaciones.

Se trata de un movimiento único de la mano en posición frontal, con las piernas estiradas y los brazos doblados o estirados. Un Core Pop funciona para movimientos de mano cortos "al alcance" cuando aquellos agarres no califican para un Empuje de Piernas. Colócate en una posición de cara al muro o a la roca, con buenos pies de apoyo y piernas estiradas, pero malos agarres y brazos doblados, elige un agarre objetivo que esté a tu alcance; ésta será tu posición inicial.

Aleja la cadera y el torso del muro y empújalos rápidamente de nuevo hacia el muro. Mientras haces el empuje mueve una mano hacia el agarre objetivo.

Mientras intentas mover cada mano a diferentes agarres, siente cuánto del empuje viene de jalar con los brazos y cuánto viene del core y de la espalda. Si te resulta difícil no jalar, intenta imaginar una ola de fuerza que se origina en los dedos de los pies, sube por el cuerpo y te lanza hacia la roca mientras la onda se desplaza.

En comparación con los tres movimientos anteriores, la trayectoria de tu centro de masa es corta así que tendrás menos tiempo para hacer un

youtu.be/0kQnXAgcfrs

movimiento antes de que el momentum se termine. Los zarpazos cortos, los reajustes y los movimientos dos veces seguidos de una misma mano se ajustan a este enfoque. Hacer un bloqueo con fuerza e intentar alcanzar el agarre es la alternativa estática, pero esto no es bueno si los agarres son malos.

Dependiendo de tus puntos de contacto, hay un rango de variaciones cada vez más tenues que implican empujar el peso corporal hacia adentro, permitiendo brevemente, que una extremidad se mueva.

Ejercicio 25: Variación Pop de Hombros

Posiciónate como si fueses a hacer un Core Pop, pero con las piernas estiradas y tan separadas como te sea posible, manteniendo la cadera pegada al muro. Echa los hombros y la cabeza hacia atrás y lánzalos hacia adentro mientras mueves una mano.

Notarás que para moverte, toma menos tiempo mover el peso de tu cabeza y hombros que el de lanzar tu centro de masa. Un Pop de Hombros suele ser la mejor opción cuando los apoyos para los pies están muy separados. La alta tensión en el core o los taloneos opuestos impiden el movimiento de la cadera.

youtu.be/WY9aD9zLnBI

Ejercicio 26: Variación Pop de Cadera

Posiciónate como si fueses a hacer un Core Pop pero con las manos completamente extendidas hacia ambos lados, manteniendo la cabeza y el pecho contra la pared. Saca la cadera y lánzala hacia adentro mientras haces un movimiento corto y rápido con la mano..

Éstos son útiles cuando los brazos están completamente estirados o presionando hacia afuera, o cuando la cara y los hombros están pegados a la pared. Cualquier movimiento de las piernas ayudará a generar un resorte comenzando con la cadera. Los cambios de pie también se pueden realizar de manera eficiente con un Pop de Cadera o un Core Pop. Elige un punto de apoyo pequeño y pruébalo.

youtu.be/JjQRLmUvg-A

Ejercicio 27: Variación Lanzamiento de Cabeza

Posiciónate como si fueses a hacer un Core Pop pero con los pies y las manos en los puntos de apoyo más malos que puedas manejar y lo más separados posibles. Piensa en una estrella de mar. Elige un agarre cercano para moverte, o planea empujar tu mano hacia arriba a una arista o a un borde. Manteniendo tu cuerpo pegado a la pared, inclina la cabeza hacia atrás sobre tu cuello y lánzala hacia adelante, con cuidado, tomando el nuevo agarre mientras haces el movimiento.

El "Beso de Glasgow" de la escalada en roca. Estos movimientos se ven y se sienten bastante ridículos para los novatos, sin embargo, como un movimiento corto a tope, puede ser muy útil. Mira cualquier video de un pegue realmente difícil y verás Lanzamientos de Cabeza desplegados tanto para movimientos de mano muy cortos, como para agarrar aristas o bordes. Nuestras cabezas pesan alrededor de 6 kilogramos, por lo que no gastarás mucho tiempo, sin embargo, intenta repetir los mismos movimientos de forma estática y realmente sentirás la diferencia.

youtu.be/3OMYp5MCRs4

El Rincón de los Geeks

Más Variantes Poco Conocidas

Mientras desarrollaba nuevos problemas de bloque en un granito muy abrasivo, me enfrenté con una travesía cuyos agarres eran una combinación de romos con cristales de cuarzo que desgarran los dedos y unas manchas verticales casi inútiles como pies de apoyo. Después de tres sesiones, numerosas yemas de los dedos abiertas, cinta adhesiva, papel de lija y súper pegamento, descubrí que un movimiento como de picoteo de pollo exagerado me permitió aguantar en el crux con un refinado "movimiento de cabeza hacia adelante". Pude finalmente encadenar el bloque en la siguiente sesión y así es como nació "Haptic Martyr".

¿La moraleja de la historia? La creatividad es la reina en la escalada. No hay restricciones sobre cómo crear impulso, aquí hay algunas variantes poco comunes de los Cuatro Resortes:

- **Rollo de hombro** - un giro vigoroso del torso, que se inicia lanzando un hombro más allá del otro hombro para cruces y alcances largos.

- **Lanzamiento de Brazo** - crea una fuerza adicional hacia arriba moviendo el brazo en la dirección a la que deseas moverte.

- **Lanzamiento de Pierna** (también conocido como Pogo o Ninja Kick): patea con esa pierna para obtener un impulso hacia arriba y hacia los lados.

Juega con estos movimientos y luego inventa algunos propios.

El principio de la oferta y la demanda (coordinar la oferta del impulso con la demanda del movimiento) se puede explorar con mayor profundidad. Experimenta con estas cinco variables la próxima vez que un movimiento te detenga:

1. Velocidad del movimiento

2. Tamaño

3. Carga en miembros individuales del cuerpo y carga general en el core

4. Calidad del Agarre

5. Demanda metabólica: ¿la energía utilizada podría comprometer el resto del pegue?

El centro de masa juega un papel principal en este capítulo por lo que es importante una mayor investigación al respecto. Muchas disciplinas del movimiento oriental como: el yoga, el tai chi y el aikido, exploran el principio del centro del cuerpo en gran profundidad.

Si buscas más información sobre la teoría que sustenta los centros de movimiento, el equilibrio y la técnica general de la escalada, el innovador texto de Dan Hague y Douglas Hunter The Self-Coached Climber ofrece una sólida introducción práctica a la física de fondo.

Los hábitos posturales y el movimiento funcional influyen fuertemente en la forma en que los escaladores se mueven sobre la roca; Stability, Sport and Performance Movement de Joanne Elphinston es un buen trampolín hacia el tema.

Capítulo 4

Tensión

"*Siento como si me hubieran hackeado*"

Dijo Jen después de probar por primera vez algunos de los siguientes ejercicios. Ella había hecho un sorprendente descubrimiento personal: la tensión muscular que anteriormente asociaba con sentimientos de ansiedad crecientes e imparables podían simplemente apagarse a voluntad.

La tensión muscular dicta la suavidad y la facilidad de nuestro movimiento. Con demasiado poca nos marchitaríamos en los agarres o colgaríamos flojamente de los techos. Con demasiada tensión nos abriríamos paso hacia arriba a punta de jalones; con la respiración contenida, los codos hacia afuera y las pantorrillas temblorosas. La tensión muscular está indisolublemente ligada a nuestro estado mental y podemos controlarla tanto consciente como inconscientemente. El sentirse tenso no suele considerarse como un estado positivo además, las batallas psicológicas suelen ser la base de una tensión muscular no deseada. Con el tiempo, la tensión inconsciente relacionada con el estrés puede convertirse en una parte habitual de nuestro movimiento, incluso mucho después de que creemos que en general ya nos sentimos cómodos escalando. Esta tensión innecesaria es el tema central de este capítulo, exploraremos la tensión muscular y buscaremos mejorar el rendimiento a través de una mejor comprensión de nuestra situación.

La Paradoja del Esfuerzo Máximo Relajado

No subestimes lo difícil que es combinar el máximo esfuerzo y la relajación en un pegue, quizás ésta sea la habilidad más difícil de adquirir a través de este libro y es además el sello distintivo de un verdadero maestro de cualquier disciplina del movimiento, ya sea la escalada, el atletismo o la danza. Estar relajado mientras que nos estamos esforzando mucho es una habilidad de primer nivel que requiere años de atención deliberada para dominarla. Por cada gran escalador que se desliza sin esfuerzo por superficies difíciles, hay una docena de escaladores súper fuertes que jadean, aprietan, abofetean y hacen muecas en esa misma superficie. A menudo son físicamente más fuertes que el mejor ejecutante; ¡Imagínate lo duro que podrían escalar si dominaran el movimiento de forma relajada!

Hola Músculos

Para este ejercicio de conciencia usaremos tu escala de medición interna para medir la tensión muscular. La escala va desde diez, lo más tenso posible, hasta cero, lo más relajado y estirado posible. Elige una ruta de escalada en punta que sea de tu grado, pues este ejercicio es descrito en un contexto de escalada en punta. Sin embargo, también se puede hacer en yoyo (top rope) o en una pared de bloque, haciendo una pausa cada cinco movimientos de mano.

Ejercicio 28: El Probador de Tensión

Cuando estés a punto de levantar la cuerda para chapar la primera cinta, haz una pausa y lleva ambos músculos de la pantorrilla hasta un nivel diez de tensión. Mantenlos así durante cinco segundos (esto será doloroso) y luego relájalos hasta cero, hundiéndolos profundamente hacia los talones. Ahora toma la cuerda, chapa y repite el ejercicio cada vez que vayas a chapar a medida que asciendes.

Observa tu nivel de ansiedad: ¿varía de acuerdo a lo tensas que están tus pantorrillas?

En tu escala de tensión, ¿qué puntuación tienen tus pantorrillas normalmente en un pegue?

¿Cambia el puntaje a medida que avanzas por encima de tu última cinta, cuando estás más arriba en la ruta o cuando estás más bombeado?

Repite el Probador de Tensión enfocándote en los siguientes grupos musculares. Haz una pausa para realizar la prueba antes de cada mosqueteneo.

- Hombros - muévelos hacia adelante y hacia arriba hasta las orejas mientras los tensas.

- Manos y codos - haz un arqueo muy fuerte.

- Mandíbula y cuello.

- Vientre.

Esmérate por ir controlado, tratando de aislar solo ese grupo muscular y verificando si otras áreas también se están tensando. Quizás ahora puedas identificar en que músculos mantienes tensión habitualmente durante los "momentos de excitación". Estar consciente de la sensación de cuando nuestros músculos están muy tensos y muy relajados puede proporcionarnos puntos de referencia muy prácticos, permitiéndonos hacer ajustes de forma proactiva en medio del pegue.

Una parte de nuestra respuesta primaria a amenazas percibidas es el luchar o huir de esta amenaza. La tensión muscular está relacionada con un aumento en los niveles de ansiedad. Los músculos tensos son muy útiles para luchar contra un tigre dientes de sable o para huir rápidamente. Si bien ésta es una buena habilidad de supervivencia, a veces la tensión muscular viene acoplada inadvertidamente a factores distintos al peligro. Un esquiador en áreas fuera de los límites de las pistas en un centro de esquí debería estar nervioso cuando se para en una capa de nieve profunda e inestable, pero ¿qué pasaría si estuviera en un terreno plano sin posibilidad de avalancha? De la misma manera, algunos escaladores se sienten más estresados y tensos a medida que se bombean y esta tensión no ayuda para nada si están escalando tres centímetros por encima de una colchoneta. Desacoplar la tensión que proviene del empopeye, de la proximidad a las cintas, de la altura sobre el suelo o de la exposición puede ser algo muy eficaz. Hay mucho peligro al escalar al cual deben ser dirgidos el buen juicio y la ansiedad genuina.

Hola Respiración

"El movimiento viaja en el fluir de la respiración"

- coreógrafa y fisioterapeuta Irmgard Bartenieff

Al igual que la tensión muscular, la respiración se puede controlar tanto mediante el esfuerzo consciente como inconsciente. Algunos dicen que la respiración es la puerta mágica entre los dos reinos. Independientemente de lo que creas, la conciencia y el control de la respiración son, sin duda herramientas poderosas para controlar la tensión y la ansiedad. A medida que aumenta la ansiedad, pasamos de respiraciones con el vientre, lentas y profundas a respiraciones rápidas y superficiales con el pecho. Respirar relajadamente de forma deliberada puede ayudar a reducir la tensión y la ansiedad innecesarias. Prueba los siguientes ejercicios en una superficie fácil en top rope o haciendo bloque:

Ejercicio 29: Hundirse en la respiración

Haz una pausa después de tres movimientos de mano, respira por la nariz profunda y constantemente sintiendo como se expande tu cintura en todas las direcciones a medida que se llena el diafragma. Sopla lentamente liberando toda la tensión, dejándote huir suavemente en los agarres. Repite esto cada tres movimientos a medida que asciendes.

¿Puedes mantener una postura alta y activada, alargando la columna mientras te hundes?

¿Está tu respiración llenando el área de tu abdomen, en lugar de estar levantando tu pecho y hombros?

¿Puedes concentrarte en una exhalación lenta que lleve más tiempo que la inhalación?

Ahora pruébalo en una escalada en punta que sea fácil:

Cuando estés a punto de levantar la cuerda para chapar la primera cinta, haz una pausa y repite el proceso anterior, liberando toda la tensión y hundiéndote en los agarres antes de levantar la cuerda y chapar. Repite esto cada vez que mosquetones a medida que vas ascendiendo.

Observa cómo cambia tu tensión al puntear.

Elige un grupo muscular en el que hayas sentido una tensión particular en el ejercicio de Prueba de Tensión y esta vez sincroniza la relajación de solo esos músculos hundiéndote en la respiración como lo practicaste anteriormente:

Ejercicio 30: Progresión Hundirse A Cero

Repite los pasos anteriores, pero esta vez, cuando soples y liberes la tensión, hunde los músculos que hayas elegido hasta cero. Repite antes de cada mosqueteoneo.

Respiración para Potencia y Estabilidad

Una vez que los movimientos comienzan a ser más difíciles, la respiración juega también un papel en proporcionar estabilidad. Compara la fuerza y la rigidez de una lata de gaseosa sin abrir con una vacía; nuestro torso responde de manera similar cuando se llena de aire presurizado. Un amigo mío experimentó con esto saltando repetidamente de un árbol y se detuvo después de aterrizar con fuerza sobre la barbilla, así que, adoptaremos un enfoque menos comprometido:

Ejercicio 31: Presión del Core

Inventa un movimiento duro con una sola mano que te deje completamente estirado en el muro. Primero inténtalo con los pulmones llenos, luego, inténtalo con los pulmones vacíos. Compara los dos movimientos y después repite comenzando con los pulmones llenos, exhalando mientras te mueves. Finalmente, repítelo comenzando vacío, inhalando mientras te mueves.

Observa la diferencia en estabilidad de la posición inicial y de la posición final y qué tan poderoso o débil te sentiste al iniciar el movimiento. Un diafragma inflado proporciona máxima estabilidad del tronco, que es lo que necesitas cuando te enfrentas a una posición de salida o llegada muy difícil. Una exhalación controlada puede ayudar con la potencia dependiendo del movimiento. Todas estas técnicas crean un compromiso con las necesidades de oxígeno de tu cuerpo así que créate el hábito de reanudar la respiración profunda del vientre para controlar el oxígeno y la tensión siempre que sea posible.

Muévete Como si Fuera Fácil

Un sello distintivo de maestría en cualquier deporte es el de un alto desempeño con poco esfuerzo. Si esto es a lo que aspiras, lo debes ensayar. Es fácil inducir un estilo de escalada de "alto esfuerzo" pues, normalmente, cuando estás intentándolo con todo: haces muecas, jadeas y te agarras demasiado fuerte. Sin embargo, es mejor guardar este estilo para unos cuantos movimientos, mientras que el resto de los demás deberías hacerlos como si fueran fáciles, independientemente de que sea así o no.

Ejercicio 32: Mandíbula Floja

Elige una ruta desplomada que te deje exhausto en menos de treinta movimientos de mano. Escala con una expresión tranquila y relajada y con la mandíbula floja. Independientemente del nivel de fatiga concéntrate en mantener esta expresión.

La tensión en la mandíbula que viene acompañada de arrugar la cara inhibe el movimiento de la cabeza, del cuello y de los hombros, lo que a su vez dificulta el movimiento fluido y dinámico. Recuerda que nadie puede ver tu cara mientras escalas, por lo que es posible que te salgas con la tuya haciendo esta expresión sin sentido.

El Rincón de los Geeks

"Parasitic Tension" es el término dado por Todd Hargrove en su excelente libro *Better Movement*. El libro captura la naturaleza bastante insidiosa de la tensión muscular a largo plazo que se esconde debajo de nuestra conciencia. Cuando hay exceso de tensión se requiere de mucha más fuerza para poder escalar bien, por lo que vale la pena explorar más sobre este tema.

La Relajación Muscular Progresiva (PMR por sus siglas en inglés) es la técnica utilizada en el ejercicio de Prueba de Tensión, una técnica psicológica ya establecida que, para los curiosos, merece de mayor investigación.

El ejercicio de la Mandíbula Floja está diseñado para contrarrestar la Fijación Facial. Éste es el término acuñado por Joanne Elphinston para describir la sobre mordida, la lengua afuera o la mueca, los cuales pueden aparecer en nuestros movimientos más duros. El que éstos aparezcan es una señal de falta de estabilidad y de control y, aunque pueden ayudarte a completar un movimiento, no dejarán que éste se transfiera bien a tu repertorio. La Fijación Facial es una técnica compensatoria y por ende tiene mucho más valor a nivel de aprendizaje el lograr dominar el movimiento sin esta técnica.

La respiración y la tensión sirven como herramientas poderosas para ayudar a los escaladores a comprender mejor la ansiedad en la roca. Existe una gran cantidad de investigación dentro del amplio campo de la psicología, te animo a explorar más allá de los confines de la psicología deportiva hacia la psicología social, conductual y cognitiva.

Capítulo 5

Lectura de los Movimientos

Es necesario tener confianza en la elección de movimientos a realizar para poder tener un movimiento que sea rápido, fluido y decisivo. Esta confianza se desarrolla cuando dedicamos tiempo a tomar decisiones de movimiento deliberadas y a comprobar qué tan exitosas fueron esas decisiones. La escalada indecisa, el titubeo en el crux o estar buscando opciones de pies de apoyo durante más de uno o dos segundos puede deberse a ineficiencias en la lectura de los movimientos.

Leer los movimientos significa anticipar con precisión todas aquellas oportunidades en las que puedes aplicar tus habilidades de la manera más eficiente. En la mayoría de los escaladores, este proceso se deja al azar, para muchos, el enfoque intuitivo oculta una serie de ineficiencias de las que no son conscientes. Un alto nivel de conciencia corporal es fundamental para ser hábil en la lectura de movimientos. Si quieres volverte más eficiente en esta área, prepárate a batallar mentalmente.

Es mejor si los tres ejercicios siguientes se realizan en problemas de bloque, idealmente con un compañero. También puede ser útil el uso de una tablet o de un teléfono inteligente para grabarse.

Hola Memoria: Recordatorio de Movimientos

Primero, exploremos tu capacidad para recordar tus movimientos en la roca.

Elige un problema de bloque fácil que no te sea familiar, escálalo una vez y cuando hayas terminado, intenta recordar la secuencia exacta de manos y pies que usaste en el orden correcto.

¿Qué fue más fácil de recordar: los movimientos de la mano o de los pies?

¿Qué partes se destacaron: el comienzo, el final o la parte más difícil?

Para comprobar tu precisión, vuelve a escalar el bloque hasta que estés seguro de cada movimiento. Esto puede demandar ¡tiempo y perseverancia!

Si eres como yo, tu mente perezosa se habrá sentido tentada a usar otros medios para completar este ejercicio. Ver y copiar a otros escaladores, recopilar beta y buscar videos de tus objetivos son solo algunas formas de bloquear la habilidad de recordar movimientos. Puede ser que éstas te ayuden a completar esa escalada en particular en menos tiempo, pero, a expensas del aprendizaje. Aquéllos que, constantemente flashean y encadenan A vista, cerca de su límite físico, han puesto el kilometraje de aprendizaje, resolviendo las cosas por sí mismos. Si estás fuera del grupo demográfico de estatura promedio, o escalas solo, te verás obligado a enfrentar este reto mucho más temprano en tu carrera. Esto tiene un valor enorme y te permitirá adueñarte de tus éxitos, algo que es grandioso para la motivación.

Ejercicio 33: Planificar, Escalar, Repasar

Ahora prueba tus habilidades de predicción en un problema de bloque sencillo que no hayas escalado antes:

Sin tocar el bloque, predice con el mayor detalle posible cada movimiento que harás. Tu compañero/s deberá recordar estas predicciones.

Ahora ignora el plan y escala el bloque de la forma en que se te haga más fácil.

Finalmente, analiza cómo lo escalaste en comparación con el plan original.

Aquí es donde una buena memoria de movimientos, un compañero atento o un video pueden ser útiles, recuerda que la habilidad a la que debes aspirar es la de una excelente memoria para que eventualmente puedas repetir este ejercicio solo con facilidad.

¿Cuáles fueron las diferencias entre el plan y la ejecución?

¿Fueron tu altura, alcance y flexibilidad como lo anticipaste?

¿Qué fue más preciso: la secuencia de manos prevista o la de los pies?

Ojalá hallas reunido mucha información sobre lo que anticipaste, lo que hiciste y cómo realmente se sintió el pegue.

Refina tu secuencia en repetidos intentos, continúa hasta que creas haber resuelto el problema con poco esfuerzo y que puedes recordarlo exactamente.

Mientras practicas este ejercicio, podrías aplicar cualquier habilidad oportuna de técnica que hayas explorado de este libro, por ejemplo, ¿puedes escalar el problema con **Pies de Ninja Seriamente Silenciosos** o con **Dos Pies Encima** o usando **Los Cuatro Resortes?**

Éstas son algunas de las pautas que yo utilizo para juzgar el éxito de un ascenso. Desarrolla tus propias pautas y úsalas como medida de comparación mientras vas perfeccionando los problemas.

El proceso que estamos usando para perfeccionar nuestras habilidades es el de la práctica reflexiva. Cuando sea que te sientas con energía para aprender, intenta un circuito de bloque fácil, que conste de hasta veinte problemas y aplica lo siguiente a cada uno: antes de que te subas **Planifica** tu secuencia, **Escala** el problema, **Repasa** lo que hiciste. Si crees que podrías escalarlo mejor, planifica cómo lo harías y repite el ascenso, de lo contrario, pasa al siguiente problema. Ésta es una sesión que exige alta concentración por lo que no debe intentarse después de un día de trabajo pesado.

Con el tiempo y con una práctica con propósito se disminuirá la brecha que hay entre tu plan previsto y el método más eficiente. Mientras tanto, estarás flasheando y encadenando A vista movimientos cada vez más duros, posicionando las manos y los pies más rápido, optimizarás los procesos de encadenar y proyectar, así que harás menos intentos y pasarás menos tiempo repitiendo errores.

De Bloques a Rutas

Esperar a hacer la lectura de movimientos hasta que hayas comenzado a escalar una ruta provocará que tengas mucho en qué pensar mientras escalas y, como resultado, escalarás más despacio. Este tiempo gastado durante el pegue agotará tus brazos, si pudieras leer más movimientos con anticipación podrías utilizar ese tiempo en rutas más difíciles.

Mientras que estamos en una batalla para encadenar A vista, solo una cantidad significativa de información estará disponible. Hacer todo lo necesario para asegurarnos de tener la mayor cantidad de información posible nos permitirá ganar tiempo y espacio mental para poder hacer malabares con las demás demandas que requieren de nuestra atención. Si al intentar encadenar un proyecto o para escalar bloques, tener todo planificado desde antes permite movimientos más rápidos, relajados y lograr el éxito en menos intentos, entonces no hay excusa para no tener todo planificado de antemano; desde los movimientos de los pies hasta la respiración.

Aquí hay dos enfoques para refinar la lectura de los movimientos en la escalada A vista:

Ejercicio 34: Fragmentación

Muchos detalles sutiles de una ruta solo se revelan a medida que te aproximas a ellos. Entre las secciones más complejas y escondidas de una ruta suelen encontrarse secciones que son más fáciles de leer y predecir. A veces, éstas son posiciones de descanso, una repisa para los pies o un agarre grande con magnesio. Elige una ruta para escalar en punta que para tu nivel sea de un "95 por ciento de probabilidad de encadenar a vista" y si tus objetivos están enfocados en la escalada en roca, entonces que la ruta sea ahí, en la roca, en vez de en un gimnasio de escalada.

Divide el largo en varios fragmentos o secciones. Las divisiones pueden ser cuando hay un cambio de ángulo o dificultad, o quizás una oportunidad para descansar o para colocar el equipo. En estos puntos de la ruta debes inspeccionar el siguiente fragmento en detalle y planificar tu estrategia para pasar a la siguiente sección.

Estamos dividiendo un largo extenso en una serie de problemas de bloque, lo que permitirá que la planificación detallada se lleve a cabo durante el pegue, en las mejores posiciones de descanso. Los escaladores deportivos que proyectan rutas pueden notar que esto tiende a desarrollarse naturalmente como una táctica al trabajar en sus proyectos.

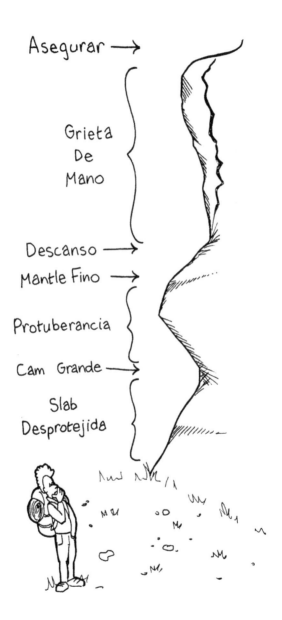

Asegurar →

Grieta
De
Mano

Descanso →
Mantle Fino →

Protuberancia

Cam Grande →

Slab
Desprotejida

Ejercicio 35: Puntos Destacados

Para escaladas en paredes con ángulos uniformes, para rutas en gimnasios y también para rutas al estilo "corre hasta el top", este enfoque puede complementar al de fragmentación. Aquí también debes elegir una ruta para escalar en punta que, de acuerdo con tu nivel, sea de un "95 por ciento de probabilidad de encadenar A vista":

Lee la secuencia de manos en no más de treinta segundos y luego describe a tu asegurador hasta media docena de puntos destacados de la ruta. Éstos deben ser los detalles que consideres más importante de recordar al escalar. Pueden ser secuencias cruciales, agarres que pueden ser fáciles de olvidar, oportunidades para sacudir los brazos, puntos de decisión o similares.

Comprueba el éxito con tu asegurador. ¿Qué tan preciso fuiste? ¿Hay algo que olvidaste? ¿Alguno de los puntos destacados resultó ser irrelevante?

Cadencia y Ritmo

Para la mayoría de los novatos, la capacidad de tomar decisiones limita la cadencia de su escalada. A veces, el hábito significa que la cadencia permanecerá sin cambios incluso años después de que el escalador se haya vuelto mucho más rápido en la toma de decisiones de movimiento. La duración del esfuerzo tiene un impacto directo en la fisiología: cuanto más lento escales, más en forma debes estar. Sin embargo, por encima de cierto ritmo la precisión comienza a sufrir, lo cual puede traer como consecuencia que terminemos cayendo o que compensemos en exceso jalando más fuerte de lo necesario.

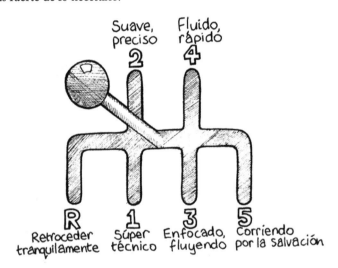

Tener la capacidad de cambiar el ritmo para adaptarse a las demandas de cada escalada y de cada movimiento permite caminar en la delgada línea entre ser "lento, estático y arquear todo" y ser "rápido y descontrolado". Experimentar con tu velocidad de escalada predeterminada es la clave. ¿Cuántos engranajes hay en tu caja de cambios? Con la práctica; tener una excelente lectura de movimientos y dominar de forma precisa los movimientos dinámicos te abrirá las puertas a una escalada más rápida.

Ejercicio 36: Fragmentación en Velocidad

Elije una ruta y, utilizando el ejercicio de **Fragmentación**, divídela en secciones entre los puntos de descanso. Trata de escalar cada fragmento lo más rápido posible *sin* comprometer la calidad del movimiento. Esto variará según el tipo de movimiento que haya dentro de cada fragmento. Recuerda hacer una lectura precisa del siguiente fragmento antes de que lo inicies.

Si vas a encadenar o vas a escalar un bloque, aplica esto a tus proyectos y observa el efecto que tiene sobre la fatiga en diferentes puntos del pegue.

El Estándar de Oro

Cuando un lector experto en movimientos mira una escalada, se visualiza subiéndola. Algunos lo hacen en primera persona (dentro de sí mismos), y otros en tercera persona (como si se vieran a sí mismos en una pantalla). A partir de esto anticipan no solo la secuencia de manos y pies, sino también las posiciones del cuerpo, los giros, los saltos y la sensación física de todo el pegue. Aspira a este estándar cuando estés entrenando.

Sácalo

Transferir la capacidad de lectura de movimientos de las rutas en gimnasios a rutas en la roca real es como pasar de los bocetos con crayones a la pintura al óleo, es un gran paso hacia una habilidad más sutil y compleja que lleva años dominar. Cada mirada hacia abajo presenta numerosas opciones sobre dónde colocar cada pie; dependiendo de la textura, de la fricción y del tipo de roca. Estas habilidades cambiarán enormemente y estarán guiadas por principios de equilibrio, en lugar de una simple elección de dos o tres agarres de resina de diferentes colores. Si tienes la oportunidad de influir en la configuración del armado en algún gimnasio o si tienes tu propio muro, configura el armado con muchos puntos pequeños de apoyo, esto acelerará tus habilidades de leer los movimientos de pies cuando vayas a la roca.

El Rincón de los Geeks

Tanto los ejercicios de Fragmentación como el de los Puntos Destacados hacen que las tareas más grandes y complejas sean más simples para el escalador.

Si realmente quieres sobresalir; memorizar cada movimiento en una ruta es el camino a seguir. Tener excelentes predicción de movimientos y memoria se convierte en una herramienta que también pueden ayudar con los factores psicológicos. Las técnicas de visualización son una herramienta poderosa para aumentar la tasa de aprendizaje y para lograr mayor éxito en tus bloques y en tus proyectos de escalada deportiva. El ensayo mental detallado depende de la memoria precisa de los movimientos, así que si deseas aprovechar aún más las habilidades de lectura de movimientos debes explorar la visualización dentro de la psicología del deporte.

Del mismo modo, para los encadenamientos de escalada Tradicional A vista, una lectura de alta calidad de los movimientos puede ayudar a controlar los niveles de ansiedad al reducir la cantidad de "sorpresas" que puedes encontrar en un largo. Cuando se pueden anticipar los agarres ocultos, los pasos muy largos y runouts, es más fácil afrontarlos mentalmente. La Fragmentación también puede ayudar a reducir los nervios, ya que nos ayuda a concentrarnos conscientemente en el desafío inmediato que conllevan los próximos tramos de escalada.

Capítulo 6

Estrategia

"No se trata de cuánto practicas, sino de cómo practicas"

- Psicólogo sueco Anders Ericsson

EL LENGUAJE y la experiencia son cosas muy diferentes. Leer este libro sin hacer los ejercicios dejará tu mente llena de una colección de conceptos abstractos pues la aventura del aprendizaje realmente comienza cuando uno escala en la roca o en un muro artificial y explora a través del movimiento.

La forma en la que practicas lo que has aprendido decidirá el potencial que esta práctica tendrá para ayudarte. En este contexto, la estrategia consiste en estructurar tu enfoque hacia la mejora. En este sentido, si la lectura de los movimientos es la micro-táctica, esta estrategia será la mega-táctica. Mes a mes, año tras año; formula una estrategia eficaz y verás décadas de mejora.

Enfocando tu Juego

Tradicionalmente, los escaladores entusiastas que agregan algo de estructura a su entrenamiento físico obtienen mejores ganancias que aquéllos que solo escalan. El mismo enfoque

se puede aplicar para mejorar la destreza pues agregar una estructura aumenta la velocidad de aprendizaje y ayuda a desarrollar la excelencia en los movimientos. Fundamentalmente se trata de romper y formar hábitos.

Siempre que escalas, estás practicando movimientos, ya sean buenos o malos y así los elijas o no; los movimientos que más realizas se convertirán en tus hábitos o en tu estilo por lo que requerirán de muy poco esfuerzo mental, permitiéndote estar relajado/a y prestar atención a otras tareas mientras los realizas.

Por el contrario, los movimientos que rara vez realizas se convierten en tu 'anti-estilo' y requerirán de una gran cantidad de atención consciente al momento de llevarlos a cabo.

Desafortunadamente, a la escalada en roca no le importa el estilo: el mejor escalador es aquél que puede "ser como el agua" y modificar su estilo según lo requiera la ruta.

> *"No seas asertivo, sino ajústate al objeto y encontrarás una forma de rodearlo o de atravesarlo. Si nada dentro de ti permanece rígido, las cosas externas se revelarán por sí mismas. Vacía tu mente, déjate llevar. No adoptes ninguna forma, como el agua"*
>
> *- Bruce Lee*

El estrés, ya sea por miedo al vuelo, al fracasar o por un empopeyamiento implacable, exige de mucha atención mental. Si estás estresado durante un pegue, tu cerebro automáticamente optará por tu movimiento más habitual porque requiere de menos atención.

Con la ayuda de los ejercicios de este libro, reconocerás algunos de estos hábitos, ya sean útiles o no. El objetivo de la práctica estructurada es entrenar tus debilidades, abandonar tus movimientos habituales y reforzar rápidamente las técnicas menos conocidas. Este enfoque te brindará un conjunto de habilidades más amplio, lo que te permitirá adaptarte a cualquier superficie y estilo.

Práctica con propósito

Una vez que te sientas confiado de que puedes observar con precisión tu movimiento en cualquier ejercicio, es hora de comenzar a incorporar las técnicas en lo más profundo de tu inconsciente y convertirlas en hábitos.

¿Cómo es una buena práctica? Es la que brinda los niveles óptimos de retención (cómo se adhiere a tu mente) y transferibilidad (cómo se puede adaptar a todos los escenarios) al ritmo más rápido.

Si simplemente vas a escalar, las nuevas habilidades que aprendas solo ocurrirán al azar. Los ejercicios de este libro están diseñados para abordar repetidamente una habilidad, expulsando fuera de tu práctica el "factor de probabilidad". Elige una habilidad que desees mejorar y repite el ejercicio hasta que lo sientas fluido y sin esfuerzo, aplícalo mientras escalas en punta en superficies fáciles y luego en superficies desplomadas, en rutas y bloques graduados, en diferentes tipos de rocas y en una amplia variedad de situaciones. Mientras entrenas la técnica, tu agenda será simplemente mejorar tu movimiento. Esto significa que los grados, el estilo de escalada y "llegar a la cima" serán irrelevantes. Destina estos para cuando estés proyectando y entiende la diferencia.

A Prueba de Estrés

Para ayudar a incorporar una habilidad durante el ejercicio, aumenta gradualmente los niveles de estrés - bombeo del antebrazo y psique -. Esto se puede hacer mediante:

· Transferir de Top Rope a Punta.

· Empopeyarse *mucho* y luego ensayar el ejercicio

· Practicar frente a mucha gente

· Enseñarle a otro escalador curioso

· Practicar en rutas o en ángulos de paredes que te intimiden

· Usar las habilidades en una competencia

· Combinar varios de los anteriores

Podrás considerar una habilidad como útil una vez que, mientras batallas en grados que son altos para ti en la superficie elegida - ya sea en interiores o exteriores, en bloques, rutas deportivas o tradicionales, logras reconocer y darte cuenta de que resurgen hábitos ineficaces contrarios a esta misma habilidad. Trata de tener el "escáner de técnica" encendido todo el tiempo y regresa a escaladas más fáciles para practicar movimientos deliberadamente. Esto se aplica a todos los ejercicios de este libro y no es una solución rápida - piensa en meses y años.

Normas de calidad:
Una Medida Alternativa de Éxito

'Somos lo que hacemos repetidamente. La excelencia, entonces, no es un acto sino un hábito'

– Aristóteles

Cuando escalas normalmente, ¿qué puedes hacer para asegurarte de que siempre estés arraigando buenos hábitos de movimiento? Para considerar una escalada como exitosa, fija algunos estándares de calidad de movimiento que te gustaría alcanzar.

Siéntete orgulloso/a de escalar una ruta con un estilo correcto y ten una lista de verificación mental de criterios que te permita cuantificar esto; si llego al top, pero no cumplo con mis propias medidas, volveré para hacerlo mejor. Aquí podrás ver algunos ejemplos de mis propias sesiones de bloque:

- Posicionamiento del pie: Primera vez. Haz una pausa y repite si rebotas o ajustas.

- Posicionamiento de la mano: Primera vez. Detente y repite el movimiento si ajustaste.

- Movimiento del pie: Salta – Relájate – Pisa.

- Movimiento de la mano: Core - Relájate – Ataja.

Crea una lista de tus propios objetivos de movimiento y sé honesto acerca de cuándo quieres cumplirlos y de cuándo son más importantes que ¡llegar al top limpiamente!

Junto con los estándares de movimiento hay enfoques holísticos a los que uno puede aspirar, éstas son herramientas de visualización que te ayudarán a construir una imagen clara de cómo pretendes escalar una ruta o un bloque de principio a fin. Experimenta con las siguientes herramientas y desarrolla herramientas propias que capturen tus aspiraciones personales de movimiento:

- El enfoque de "todo el problema": ataque relajado, un movimiento continuo.

- Ejecución nítida y económica de cada movimiento.

- Movimiento consciente: meditación en movimiento.

- Deslizamiento: encontrar el flujo a través del movimiento.

Piensa en cómo aspiras escalar y cómo te gustaría que se sintiera tu escalada. Si uno se esfuerza por replicar esto durante la práctica, aumentarán enormemente las posibilidades de que suceda con regularidad.

Construirlo en tu Rutina

El volumen de práctica con propósito que hagas estará directamente relacionado con tu tasa de mejora - cuanto más, mejor. Cada vez que un atleta de élite practica, lo hace únicamente con el propósito de mejorar. Este tipo de enfoque podría convertirte en un escalador poco sociable si no logras encontrar a otros con el mismo enfoque, sin embargo, con un poco de idea puedes mejorar tu escalada sin desaparecer del radar social.

Un Enfoque Equilibrado: Sesiones de Semáforo

A menos que seas el atleta ultra-motivado mencionado anteriormente, el entrenamiento constante de habilidades puede erosionar gradualmente tu motivación para escalar. Administrar tu nivel de motivación y un programa de entrenamiento óptimo es fundamental. Muchos escaladores abandonan los programas de entrenamiento porque no encuentran este equilibrio.

Divide tu escalada en tres tipos de sesiones y elige cuál iniciar según tu nivel de motivación del día:

Verde: *Día súper motivado*: tienes mucha energía a nivel mental y estás dispuesto a concentrarte intensamente en mejorar. Apunta a la práctica de alta calidad por encima de todo, trabaja muy duro en todas tus debilidades, espera fallar mucho y terminar mentalmente fatigado.

Ámbar: *Bastante motivado:* Estás dispuesto, pero quizás un poco cansado. Apunta a una combinación de práctica de habilidades de alta calidad, escalada divertida y sociable. Consolida tus habilidades existentes con tus amigos.

Rojo: *Mentalmente agotado:* quieres escalar para descansar del resto de tu vida. Apunta a la consolidación suave de habilidades ya existentes y a una alta tasa de éxito, todo en una superficie que disfrutes y en la que te sientas relajado. Come buenos bocadillos, bebe té y charla con todos.

A veces llegarás al muro del gimnasio o a la roca con la sensación de que es un día de sesión-roja, pero después de media hora, anímate y cambia de marcha hacia el ámbar o hacia el verde. El truco consiste en establecer expectativas realistas de tu fuerza de voluntad y en reconocer que muchas otras cosas fuera de la escalada también pueden agotar tu fuerza de voluntad.

 El entrenamiento físico puede encajar en cualquiera de estas sesiones, aunque esto se trata más de los niveles de energía mental, pues incluso cuando estás mentalmente agotado podrás ser capaz de completar circuitos previamente planificados o un entrenamiento en la tabla de entrenamiento de dedos.

Centrarse en el proceso

"El hombre que quiera pulir sus técnicas primero debe pulir su mente"

- 10º Dan aikidoko Koichi Tohei

Establecer micro objetivos en una sesión puede ser una herramienta poderosa para mantener tu atención en el aprendizaje que es sustentado por un ascenso exitoso. *Los objetivos del proceso* son aquéllos que requieren de un aprendizaje adicional y aumentan tu comprensión del proceso involucrado en la escalada, por el contrario, los *objetivos referentes al resultado* miden el rendimiento y los niveles de éxito.

Ejercicio 37: Micro Objetivos

De camino al lugar, fija un objetivo referente al resultado y tres objetivos referentes al proceso para una sesión de escalada.

Por ejemplo, al probar encadenar un proyecto, los objetivos de tu sesión podrían ser:

Objetivo de resultado: lograr conectar la sección desde el tercer bolt hasta el top.

Objetivo del proceso 1: reconocer exactamente qué está haciendo la pierna que pones en bandera durante el crux.

Objetivo del proceso 2: visualizar perfectamente la ruta tres veces entre cada intento.

Objetivo del proceso 3: identificar cuatro lugares donde puedas hacer una respiración profunda y relajada a mitad de la ruta.

De camino a casa, examina la sesión con respecto a cada uno de tus cuatro objetivos.

Esto me permite notar que tuve éxito en los objetivos referentes al proceso, lo cual de otro modo hubiera pasado por alto por enfocarme en sentirme mal al no haber lograr el resultado deseado. Lo que para un extraño podría parecer una sesión entera de puros fracasos, en realidad pudo haber implicado mucho aprendizaje valioso. Este aprendizaje te acercará al éxito y desarrollará las habilidades que te ayudarán en futuras escaladas.

El Rincón de los Geeks

Es posible que hayas observado que se fomenta un fuerte enfoque en dominar el proceso de la escalada, más allá de lograr resultados. Cambiar tu atención de llegar al top o de encadenar un grado, puede ser un desafío. Para muchos escaladores, por defecto, es hacia donde se dirige su atención y es un hábito difícil de romper. ¿Estás motivado por un deseo intrínseco de dominar y disfrutar el proceso, o por un resultado que traerá recompensas sociales o externas? ¿Quizás un poco de ambos? Explorar la motivación detrás de tu escalada puede iluminar algo sobre este tema. La Teoría de la Autodeterminación es un buen lugar para comenzar. A veces es necesario un cambio de actitud para permitir que suceda un cambio de enfoque. El trabajo de Carol Dweck sobre la Mentalidad de Crecimiento (Growth Mimndset) es otra gran exploración acerca del tema y acerca de todos los lejanos beneficios que hay al enfocar tu forma de ver la vida en los procesos.

Adquisición de habilidades

Practicar de una manera en la que se optimice la retención y la transferibilidad generalmente resulta en una adquisición de habilidades más *lenta,* pero es *mejor* que los métodos tradicionales de práctica.

El estructurar tu práctica para que sea variada, en lugar de seguir un camino lineal puede parecer contra intuitivo, pero, está respaldado por una interesante teoría. Si tienes curiosidad, explora la pedagogía no lineal en la adquisición de habilidades: es un enfoque que se adapta bien a las diversas demandas de la escalada en roca.

El estratega maestro no limitará su enfoque únicamente a mejorar la técnica. Muchos elementos de la escalada quedan fuera del alcance de este libro, incluidos elementos psicológicos del deporte, del entrenamiento físico y del manejo de los riesgos inherentes a la escalada. Hay algunos textos excelentes sobre todos estos temas. Si descuidas cualquiera de estas áreas de desarrollo no podrás optimizar tu rendimiento de escalada.

Con una estrategia sólida en cada sesión podrás progresar de manera constante en todas las áreas.

Capítulo 7

Logros Rápidos

Problemas Comunes de Movimiento

R Regularmente los médicos ven problemas como el resfriado común, la gripe, el asma y las verrugas como algo similar. Yo diagnostico ciertos problemas de técnica con más frecuencia que otros.

A continuación, se muestran los problemas de movimiento que veo con más frecuencia en cada disciplina de escalada. Si te sientes aturdido por las opciones, éste es un buen lugar para comenzar. Sin embargo, como dice mi madre: eres único y especial, y puedes ser una excepción a la norma y tener diferentes desafíos que superar. La única forma segura de saber que estás entrenando tus debilidades es explorar el libro completo o contratar a un buen entrenador, pero si tienes poco tiempo, aquí hay algunas formas de cubrir tus apuestas.

Escalada tradicional

Hasta E3 / 5.11

Para muchos escaladores de tradicional, la ansiedad dicta la calidad del movimiento, los períodos prolongados de tensión y el estrés durante los

solitarios ascensos en punta han reforzado un enfoque tenso, intenso y estático. Permitir que los niveles de ansiedad dependan de la proximidad a la ubicación de los seguros, o de lo empopeyado que estés, hará la vida innecesariamente difícil. Si esto te suena familiar, intenta dominar los cinco ejercicios del Capítulo Cuatro y el ejercicio de Fragmentación del Capítulo Cinco. Sé honesto contigo mismo acerca de tus miedos de volar, ya que el tiempo dedicado a reducirlos podría ser invaluable. Hasta que no calmes a los demonios susurrando en tu cabeza, mejorar tu técnica será muy difícil.

Más allá de E3 / 5.11

Por encima de estos grados, los hábitos de la escalada deportiva y los hábitos de la escalada tradicional se cruzan en gran medida. Observa a continuación para obtener más consejos y para que puedas aplicarlos a tus pegues en escalada tradicional.

Escalada Deportiva y Bloque

Al principio de su progresión los bloqueros y los escaladores deportivos se sienten atraídos por el entrenamiento físico, a menudo a expensas de otras habilidades. Si te sientes inseguro comienza el trabajo técnico con las prioridades siguientes.

Hasta 6c / 5.11 y Bloques V3

Un juego de pies fantástico suele ser la máxima prioridad en este punto. Sumérgete en el Capítulo Uno y después de un aprendizaje adecuado de práctica con propósito, emerge como una mariposa que nace para hacer revolotear sus proyectos némesis.

Rutas 6c - 7b / 5.11-12, Bloques V3-V8

Para aquéllos que escalan rutas hasta este nivel, las tácticas y la ansiedad inducida por el empopeye a menudo surgen como áreas de desarrollo. Los Capítulos Cuatro y Cinco contienen la clave para progresar al respecto. Si regularmente te felicitan por estar fuerte, es probable que el Capítulo Uno también te sirva bien pues asegurará que no estés compensando un mal juego de pies con puro músculo. Para los bloqueros, a menudo son las tácticas (Capítulo Cinco) y las habilidades de manos (Capítulo Dos) las que necesitan atención si es que no caes en el grupo "realmente fuerte".

Rutas 7c / 5.13, Bloques V9 y más allá

He visto muchos escaladores muy en forma que operan a este nivel con habilidades pobres en algún área. Realizar cada ejercicio y buscar comentarios críticos de sus compañeros será esencial para mantener la progresión y reducir la frustración. Las habilidades infrautilizadas más comunes son el core y el impulso - checa los ejercicios de Apretón de Glúteos, Buscando Centro y los Cuatro Resortes en el Capítulo 3.

"Debes desaprender lo que has aprendido"

- Yoda

Conclusión

"No hay satisfacción alguna en ningún momento. Sólo hay una extraña insatisfacción divina, una bendita inquietud que nos mantiene en marcha y nos hace estar más vivos".

Martha Graham
- bailarina y coreógrafa estadounidense

¡Ve hacia ello!

En tu carrera como escalador/a nunca es demasiado temprano, ni demasiado tarde , para concentrarte en el movimiento. En general se trata de lo que sea más eficiente para ti, para tu constitución, flexibilidad y forma corporal. Que culpar de tus fracasos a tu estado físico sea un último recurso. Sé creativo y experimental en tu movimiento y abraza el proceso de resolver problemas de movimientos difíciles.

Lo más importante es esforzarse por alcanzar la excelencia y no la perfección. No hay ningún destino en el que lograrás alcanzar la maestría total, sólo contarás con esa "insatisfacción divina" de ir siempre en espiral hacia un punto de desaparición.

Considera el Entrenamiento

La escalada es fundamentalmente un deporte que se aprende por experiencia. Entrenar a los escaladores en persona es donde se puede lograr el mayor impacto.

Si deseas explorar algo de este libro en profundidad, mejorar más rápido o descubrir las muchas cosas que no he incluido, comunícate conmigo para organizar un entrenamiento, estoy disponible para sesiones individuales y grupales, cursos y talleres de formación de entrenadores.

www.johnkettle.com

Me Encantaría Saber de Ti

Este libro representa quizás el 10 por ciento de lo que he aprendido y me siento seguro al comunicarlo por escrito, con dibujos y con videos. Me encuentro en un viaje de aprendizaje de por vida a través de la escalada y mi comprensión de la misma está en constante evolución. Tus comentarios sobre este libro, tus ideas sobre el movimiento y tus críticas a mis ideas son bienvenidas. ¡Quizás aparezcan en una próxima edición!

Glosario

ASEGURADOR **automático:** dispositivo mecánico conectado en el top de una ruta ubicada en un muro artificial. Está diseñado para tomar el lugar de un asegurador en una ruta en yoyo (top rope). Con un cable retráctil o una cinta para sujetarse, se aprieta automáticamente a medida que subes o si bajas en caso de que te caigas.

Retroceso: pararse en el borde exterior, o en el dedo meñique del pie.

Beta: información proporcionada sobre una ruta o bloque, a menudo sobre movimientos cruciales, descansos o colocación del equipo.

Bloque: escalar sin cuerda en rocas o muros bajitos sobre crash pads de o colchonetas.

Centro de masa: punto en el que el cuerpo está equilibrado en el espacio. Punto focal del jalón de la gravedad en el cuerpo.

Arqueo / Semi arqueo: posición de agarre donde el ángulo de la articulación del dedo en el segundo nudillo es menor a 90 grados, generalmente en un agarre pequeño plano o con borde. En un semi arqueo los dedos se doblan en la segunda articulación entre 90 y 120 grados.

Crux: la sección más difícil de una escalada, generalmente uno o dos movimientos de mano.

Punto muerto: movimiento dinámico de la mano en el que se lanza el peso para alcanzar un agarre y atraparlo en el "punto muerto" del momentum del cuerpo. A diferencia de lo que sucede en los movimientos estáticos, el escalador generalmente caerá si se pierde el agarre.

Agarre en extensión: posición de agarre donde el ángulo de la articulación del dedo en el segundo nudillo es de más de 120 grados, en un agarre pequeño plano o con borde. Por lo general el dedo meñique es demasiado corto para poder participar en esta posición. También es conocido como agarre abierto o agarre de romo.

Dinámico: aquellos movimientos que usan momentum y no se pueden pausar en medio de su ejecución.

Egipcio: posición en la que el cuerpo se encuentra de lado, con una cadera contra la pared y ambos pies apuntando hacia el lado al que el escalador está viendo.

Bandera: movimiento o posición del cuerpo en la que el escalador se para sobre una pierna y usa la otra como contrapeso para ayudar a mantener el peso sobre el pie de apoyo.

Glúteos: los dos músculos distintos de los glúteos - Gluteus Maximus.

Diedro: esquina orientada verticalmente, generalmente escalada usando técnicas de puentes para manos y pies.

Bordes interiores: cuando usamos el borde de la bola del pie, justo dentro del dedo gordo para pararse en los puntos de apoyo.

Empotrar: atascar partes del cuerpo en las grietas de la roca para asegurarte, en lugar de sujetarte con un esfuerzo muscular.

Guacas: agarre grande y profundo, fácil de sujetar.

Escalar en punta: escalada con cuerda donde el escalador lleva una cuerda que va desde él hasta un asegurador en el suelo, sujetándola a través de una protección fija o un seguro colocado por él mientras asciende para protegerse contra una caída.

Bloqueo: mantener una posición estática con un brazo completamente doblado (mano a la altura del hombro o más abajo) mientras alcanza un agarre con el otro brazo.

Mantle: movimiento de escalada en el que se aplica presión hacia abajo con las manos a una repisa, levantando el cuerpo lo suficientemente alto como para poner los pies en esa misma repisa. Generalmente se usa cuando no hay agarres disponibles.

Encadenar a Vista: Encadenar una ruta en punta en el primer intento, sin información previa más allá de la descripción de la guía.

Agarre a mano abierta: posición de agarre de mano donde el ángulo de la articulación del dedo en el segundo nudillo es de más de 120 grados, a menudo se usa en un agarre muy inclinado, también conocido como romo.

Techo, Desplome o Saliente: un muro que es más desplomado que las superficies verticales.

Articulación PIP: articulación interfalángica proximal: la articulación del dedo más cercana

a los nudillos.

Pocket: agujero que se usa como agarre, a menudo solo lo suficientemente grande como para ser agarrado con uno o dos dedos.

Propiocepción: sentido de la posición relativa del propio cuerpo y la fuerza del esfuerzo que se emplea en el movimiento.

Empopeyarse: sensación de ardor y debilitamiento generalmente que se siente en los antebrazos cuando se fatigan al escalar.

Cuádriceps: Los músculos del muslo que recorren la parte delantera de la parte superior de la pierna desde la cadera hasta la rodilla - Quadriceps.

Encadenar / proyectar: Escalar una ruta / bloque después de practicarlo una o más veces.

Pasar el peso: movimiento en el que el escalador comienza con un pie alto y luego mueve su peso sobre éste antes de pararse.

Slab: pared de roca en un ángulo menor que el ángulo vertical con respecto al suelo.

Sloper: agarre suavemente inclinado hacia abajo que generalmente requiere un uso cuidadoso

de la fricción para dominarlo con éxito.

Somática: campo de estudio del movimiento y del trabajo corporal que enfatiza la percepción y la experiencia física interna.

Escalada Deportiva: escalada con cuerda utilizando bolts pre-colocados en la roca como protección al puntear.

Yoyo (Top Rope): escalada con cuerda que va desde el asegurador hasta la estación que se encuentra al final de la ruta, por lo que la cuerda podrá sostener al escalador en cualquier punto mientras escala.

Tradicional: escalada tradicional con cuerda, en la que el escalador que va de primero coloca protecciones en la roca mientras escala, sin recurrir a bolts u otro material pre-colocado.

Travesía: escalada lateral sobre una distancia horizontal.

Pegue: como se conoce comúnmente al número de intentos que se le da a una ruta o bloque.

Sobre el Autor

John Kettle es un escalador apasionado y un entrenador profesional que vive en el Lake District del norte de Inglaterra. Lleva más de 25 años escalando, incluyendo primeros ascensos de escaladas tradicionales, rutas deportivas, rutas invernales mixtas y numerosos problemas de bloque. Ha entrenado a escaladores de todos los niveles durante más de 20 años en escalada tradicional, deportiva y bloque, y continúa ayudando a pers la escalada en todas sus formas. Está involucrado en la entrega y desarrollo de calificaciones de coaching en el Reino Unido y regularmente ofrece seminarios, talleres y cursos para entrenadores de escalada.

www.johnkettle.com